좋은 아빠 되는 세상에서 가장 쉬운 방법
아빠 10분 대화

김동기 지음

contents

006. 들어가는 말

Part.01
아빠와의 대화, 이런 게 좋다

010. 아빠와의 10분이 아이의 인생을 바꾼다
013. 최고의 리더이자 최고의 '알파 대디' 버락 오바마
017. 대화로 상상력을 키워준 안데르센의 아버지
021. 편지로 자녀를 바르게 키운 다산 정약용
026. 아빠 대화법은 엄마 대화법과 다르다
030. 아이의 학습 능력 아빠와의 대화에 달렸다

Part.02
아빠가 꼭 알아야 할 대화 전 준비

034. 당신의 아이는 몇 학년 몇 반인가?
037. 아이 앞에서 잘난 척은 그만하라
040. 아이와의 대화거리 찾기
046. 아이 연령에 맞는 효과적인 아빠 대화법
052. TV 없는 3개월, 좌충우돌 성공기

Part.03
10분을 100분처럼 활용하는 노하우

062. 10분의 기적을 경험하자
064. 10분을 어떻게 마련할 것인가?
067. 장소와 시간 선택이 대화 성공의 첫걸음
070. 퇴근 시간을 활용해 대화 소재를 찾아라
072. 아이와 같이 먹는 한 끼 식사의 힘
075. 주말에는 아날로그식으로 놀기
078. 자투리 시간에 아이에게 전화하기
081. 대화보다 더 좋은 몸놀이 10분
084. 대화가 어려우면 동화책을 읽어라
087. 이메일과 문자 메시지를 활용하라
090. 직접 하라, 솔직하라, 부드럽게 하라
093. 눈을 보고 표정을 지으며 얘기하라
096. 스킨십은 말보다 강하다
099. 10분 대화로 언어 능력이 쑥쑥 자란다

Part.04
자존감을 높이는 10분 대화법

102. 자존감 높은 아이가 행복하다
105. 자녀를 대화에 참여시켜라
108. 아이에게 SOS를 요청하라
111. 꼰 다리를 풀고 경청하라
115. 아이의 생각과 판단을 존중하라
118. 인격의 기초 공사를 무시하지 마라

Part.05
아이의 마음을 위로하는 10분 대화법

122. 고민 들어주는 아빠가 되자

125. '아빠 어릴 때'는 그만 하는 걸로

128. 방법을 찾아가는 질문하기

131. 마음 공감이 치유의 출발이다

135. 아이 상처를 가볍게 보지 마라

139. 아이의 학교생활을 점검하라

142. I-message로 서로의 감정 전달하기

Part.06
긍정적인 아이로 키우는 10분 대화법

146. 행복해서 웃는 게 아니라 웃어서 행복하다?

149. 남과의 비교가 불행으로 가는 지름길이다

153. 단점을 지적할 때도 요령이 필요하다

157. 무조건적인 칭찬은 오히려 해가 된다

162. 긍정적인 말을 먼저 하라

Part.07
아이의 창의력을 키워주는 10분 대화법

166. 아이들은 노는 게 제일 좋다
168. 아이의 손과 발을 바쁘게 해라
172. 생각에 날개를 달아주는 아빠 대화법
176. 남과 다른 생각이 창의력을 키운다
180. 아이의 생각을 키우는 동기부여 질문법

Part.08
자녀와의 갈등을 해결하는 10분 대화법

184. 가족 갈등의 뿌리를 찾아라
187. 우리 가족만의 가족회의를 개최하자
190. 대화를 거부하는 아이 마음 열기
193. 아빠의 정신연령은 열두 살?
196. 아이의 눈높이에 맞춰 대화하라
200. 아이가 선택할 기회 주기
204. 떼쓰는 아이와 화내지 않고 대화하는 법

부록
아이와 친구 되는 하루 10분 대화

2주 14일 Action Plan
208. 대화를 준비하는 1일 차~4일 차
216. 친밀감을 쌓는 5일 차~8일 차
224. 대화 습관 들이는 9일 차~13일 차
234. 나를 되돌아보는 14일 차

들어가는 말

인생은 생방송,
아이들은 실시간으로 자란다

요즘 아빠들은 '네 가지'가 없다.

'돈' 없는 아빠!

'시간' 없는 아빠!

'대화' 없는 아빠!

'힘'도 빠진 아빠!

월급 빼고 물가가 다 오르니 돈이 없고, 새벽 별 보고 출근해서 달그림자와 함께 퇴근하니 시간이 없다. 아이들은 아빠의 바쁜 일상 때문에 함께하는 시간이 점차 줄어만 간다. 같은 집에 살면서, 같은 밥을 먹고, 같은 화장실을 사용하지만 드물게 대화를 하니 아이들과의 사이는 어색하다. 그래서 엄마가 가끔 아빠를 소개하는 것 같다.

"애들아, 아빠한테 인사해야지!"

우리나라 아빠들은 왜 그렇게 일만 하는 것일까? 일을 많이 하고 싶어서가 아니라 우리나라 사람들의 일하는 시간이 길다. 경제협력개발기구

(OECD) 고용 통계를 보면, 2010년 그리스의 연간 근로 시간은 2,109시간으로 유럽에서 가장 길다. 독일은 1,419시간, 네덜란드는 1,377시간으로 가장 짧다. 우리나라는 무려 2,193시간으로 그리스보다 더 길다. OECD 회원국 가운데 한국이 1위다. 상사 눈치 보기 같은 우리나라의 기업 문화와 장시간 노동과 생산성은 비례한다는 과거의 관습이 아직 남아 있는 것도 하나의 이유다.

최근 은퇴를 선언한 박찬호 선수가 인터뷰에서 했던 말이 인상적이다. "애초에 야구장에 나와 열심히 일하는 이유가 가족과 행복하게 살기 위해서인데, 그 가족을 선수의 삶에서 배제하는 건 이상하지 않은가?"

요즘 부모는 자신의 아이가 다른 아이들에게 뒤처질까 봐 걱정하며 다양한 학원에 아이를 보낸다. 그 학원비가 부족해 투잡, 쓰리잡까지 마다하지 않지만 '에듀 푸어'라는 말까지 등장한 것이 현실이다. 아빠들은 아이들과 함께하고 싶어도 돈이 없어 다시 거친 세상으로 나간다. '힘없는 아빠'는 일에 지쳐 힘이 부족한 아빠를 의미하는 것은 아니다. 다른 아이들처럼 해주고 싶어도 해줄 수 없는 안타까운 현실 탓에 사회에서, 가정에서 작아질 대로 작아진 아빠의 모습을 말하는 것이다.

진정 우리 아이에게 필요한 것은 무엇일까? 학원 하나 더 다니게 하고, 좋은 옷 입게 하고, 물질적으로 풍요로운 생활을 할 수 있게 만드는 것이 아빠 역할의 전부일까? 아이들은 아빠와 함께할 수 있는 시간을 무엇보다 원하고 있다. 아이들은 원하는 부모상으로 '친구처럼 나와 놀아주는 분'(42%)과 '나에게 칭찬과 격려를 해주시는 분'(21%)을 꼽았다. 그만큼 아이들은 부모와 같이 놀며 시간을 보내고 싶은 것이다.

아이는 눈 깜짝할 사이에 자란다. 아이들과 함께할 수 있는 시간은 그리 길지 않고, 이마저도 지나버리면 다시 오지 않는다. 바로 지금이 아이와 함께할 수 있는, 더없이 좋은 시간이다.

그러나 바쁜 아빠들이 직장생활을 하면서 시간을 할애한다는 것은 현실적으로 쉬운 일이 아니다. 그러니 짧은 시간이라도 아이와 어떻게 보내는 것이 좋은지 배워야 할 일이다. 많은 아빠가 아이와 대화하려고 노력하지만 어떻게 대화하는 것이 옳은지, 어떻게 하는 것이 긍정의 힘을 길러주고 자존감을 높여주는 대화법인지 알지 못한다. 어쩌다 하루 캠핑을 가거나 놀아주는 것으로 충분하다고 생각하는 경우도 많다.

이 책에서는 하루에 10분이라는 짧은 시간을 활용해 효과적으로 아이와 대화하는 방법을 안내한다. '좋은 아빠'와 '친구 같은 아빠'가 되고 싶지만 그 방법을 모르는 아빠들에게 도움이 되길 바란다. 대화하기 전에 준비할 것, 아이들의 창의력과 상상력을 길러주는 질문법 그리고 주의할 점 등 구체적이고 실천 가능한 방법을 사례별로 제시했다. 책의 마지막 부분에는 액션 플랜을 수록해 실제로 2주간 적용해보도록 안내한 점이 특별하다.

아빠가 아이에게 남겨줄 수 있는 가장 가치 있는 유산은 아이가 아빠를 느낄 수 있는 다양한 경험과 소중한 추억 그리고 가슴으로 나눈 따뜻한 대화라는 믿음으로 글을 써내려갔다. 아울러 나처럼 바깥 일로 너무나 바쁘고 지친, 세상의 모든 아빠에게 응원의 박수를 보낸다.

아빠와의 대화, 이런 게 좋다

"아빠와 아이가 보내는 시간이 적을지라도 아이는 아빠가 가족 구성원 중
가장 큰 영향력을 가진 사람이라고 인식해 아빠로부터 많은 영향을 받는다"고
미국 코네티컷대학교의 로널드 로너 박사는 말했다.
아빠는 엄마보다 사회 경험이 풍부해서 성공의 핵심 요소인 감성 지능과 사회성을 발달시킨다.
아빠는 아이의 멘토이자 롤 모델이며 가장 친한 친구이다.

Part.01
아빠와의 대화, 이런 게 좋다

아빠와의 10분이
아이의 인생을 바꾼다

'왜, 요즘은 아빠에게 요구하는 것이 많을까?'

아빠가 아이의 성장에 미치는 영향이 우리가 예상하는 것보다 훨씬 크고 다방면에 작용하기 때문이다. 아이의 교육에서 아빠들의 역할이 주목을 받고 있고 '아빠 효과'를 기대하는 이유를 여기서 찾을 수 있다.

'아빠 효과'에 대한 여러 연구 결과 중에 몇 가지를 살펴보자.

호주 뉴캐슬대학교 가족연구센터는 엄마와 함께하는 일정한 규칙의 놀이와 달리 아빠와 하는 불규칙한 놀이는 아이에게 갑작스러운 흥분을 안겨 아이가 자신의 감정을 통제하는 방법을 배우는 데 더 중요한 역할을 한다는 연구 결과를 발표했다.

영국 뉴캐슬대학교에서 1958년에 태어난 영국인 남녀 1만 1,000여 명을 대상으로 조사한 결과 어린 시절 아빠와 독서, 여행 등 재미있고 가치 있는 시간을 많이 보내면 그렇지 않은 경우보다 지능 지수가 높고 사회적인 신분 상승 능력이 더 큰 것으로 나타났다.

미국 하버드대학교의 아동 심리학과 교수이자 '알파걸'이라는 신조어를 만들어낸 댄 킨들런은 알파걸 현상에서 '아빠 요인'에 주목했다. 알파걸 4명 중 3명은 아빠와 좋은 관계를 유지하며 아버지와 많은 대화를 나눈다고 말했다.

〈캐나다행동과학저널〉에서 138명 아동을 대상으로 조사한 결과, 아빠가 아이들의 지능과 행동 발달에 큰 영향을 미치는 것으로 나타났다. 아빠가 없는 아이에 비해 3~5세 소아기 초기와 9~13세 소아기 중기 시기에 아이들 양육에 적극적인 아빠가 키운 아이들이 행동장애 발병률이 낮고 자라면서 지적 능력이 더 우수한 것으로 나타났다.

미국 코네티컷대학교 '대인관계의 수용과 거부 연구센터' 로널드 로너 박사팀은 1975년부터 2010년까지 1만 명(9~89세)을 대상으로 어린 시절에 부모에게 수용이나 거절에 대한 경험과 본인의 성격 특성(공격성, 독립성, 긍정적, 자신감 등)이 어떻게 연관돼 있는지 설문 조사로 알아봤다. 그 결과 엄마보다 아빠에게 수용 경험(같이 놀거나 대화함)이 많았던 아이들의 성격이 긍정적이었다.

이 외에도 아빠 효과에 대한 연구 결과와 조사들이 다양하게 발표되고 있다. 아이들의 미래를 위해 '기러기 아빠'를 자처하는 것은 오히려 그 반대의 결과를 가져올 수도 있다. 유명한 학원에 보내기 위해 열심히 일만 하는 것이 아빠의 역할을 다하는 것이 아니다.

아이들과 살을 비비며 함께 하는 시간을 많이 갖는 것이 아빠의 가장 큰 역할이다. 아빠와 자녀가 함께하는 시간이 많으면 많을수록 좋겠지만 아빠들의 특성을 고려해보면 많은 시간을 아이와 함께하기 힘든 것이 사실이다.

종종 아내에게 "10분을 못 놀아 주느냐?"라는 핀잔을 듣지는 않는가? 아이와 조금 놀아주면 금세 지치고 귀찮아지는 것이 아빠들의 현실이다. 그러나 10분이면 충분하다. 놀아주는 것이 아니라 같이 노는 것이다. 마음부터 바꿔야 한다. 그리고 10분을 투자해보자. 분명 달라지는 아이들의 모습을 발견할 것이다.

"아빠와 아이가 보내는 시간이 적을지라도 아이는 아빠가 가족 구성원 중 가장 큰 영향력을 가진 사람이라고 인식해 아빠로부터 많은 영향을 받는다"고 미국 코네티컷대학교의 로널드 로너 박사는 말했다. 아빠는 엄마보다 사회 경험이 풍부해서 성공의 핵심 요소인 감성 지능과 사회성을 발달시킨다고 한다. 아빠는 아이의 멘토이자 롤 모델이며 가장 친한 친구임을 기억하자.

Part.01
아빠와의 대화, 이런 게 좋다

최고의 리더이자 최고의 '알파 대디'
버락 오바마

영국 국립아동발달연구소가 30여 년 동안 7세, 11세, 16세 아동과 청소년 1만 7,000명을 대상으로 조사한 결과를 주목해보자. 이 결과에 따르면 사회적으로 능력을 발휘하고 행복한 가정을 꾸린 사람들의 공통점은 '아빠와 교류가 많았다'고 한다. 아빠가 아이의 양육과 교육에 적극 참여했을 때 아이의 학업 성취도를 비롯해 친구 관계, 자신감, 도덕성, 사회성 등 여러 방면에 '아빠 효과'가 힘을 발휘하였다. 다시 말하면 세상을 이끄는 위대한 리더 뒤에는 아이와 함께한 아빠가 있었다는 사실이다.

미국 최초의 흑인 대통령이자 젊은 대통령인 버락 오바마는 전 세계적으로 변화와 희망을 상징하는 아이콘이자 가장 영향력 있는 리더로 손꼽히고 있다. 하지만 그의 어린 시절을 아는 사람이라면 오늘날의 오바마 대통령을 예상할 수 없었을 것이다.

버락 오바마 대통령은 1961년 8월 4일 미국 하와이 주의 호놀룰루에서

케냐 출신의 하와이대학교 유학생인 흑인 아버지와 미국인 백인 어머니 사이에서 태어났다. 하지만 오바마가 두 살이 되었을 때 그의 아버지인 버락 1세는 꿈을 찾기 위해 가정을 떠났다.

부모의 이혼, 어머니의 재혼, 흑인이라는 선입견으로 오바마는 청소년 시절 혼란을 느끼고 급기야 술과 담배, 마약에까지 손을 대기도 했다. 하지만 어머니는 그를 다그치기보다 흑인의 장점과 우수성에 대해 알려주며 끊임없이 자신감을 심어주었다.

어머니의 현명한 교육을 받고 자란 오바마 대통령은 두 딸 말리아와 사샤에게도 어머니의 가르침을 고스란히 전해주고 있다. 대통령 취임 후 아프리카를 순방하던 중에 두 딸과 가나의 옛 노예무역 항구를 방문해 직접 역사 교육을 하거나 치열했던 민주당 경선 도중에도 두 딸이 잠들기 전 《해리포터》 시리즈와 같은 책을 읽어주는 등의 일화가 유명해지면서 〈뉴욕타임스〉로부터 '알파 대디'에 선정되기도 했다.

하지만 그의 교육이 항상 부드럽기만 한 것은 아니다. 자상함과 엄격함의 공존으로 많은 부모의 모범이 되고 있다. 오바마 대통령이 백악관에 들어간 후 직원들에게 가장 먼저 지시한 것은 '아이들의 방을 치우지 말라는 것'이었다. 대통령의 딸들이라면 공주처럼 키울 법도 하지만 아직 자의식이 강하지 않고 어떤 편견도 가지고 있지 않은 딸들의 성향을 4년 동안 지켜주고 싶었던 것이다.

오바마 대통령은 두 딸에게 "너희가 백악관에 들어간다고 해서 달라질 건 없단다. 지금까지 해왔듯 아침에 일어나면 가장 먼저 이불 정리를 해야 하고 방 청소 역시 스스로 해야 한다"라고 당부했다.

"백악관에는 해주는 분들이 계시는 걸요?"

"하지만 방 청소나 이불 정리 같은 건 지금까지 너희 스스로 당연히 해온 일이잖니? 너희가 대통령의 딸이라는 이유로 작은 일조차 하지 않는다면 아빠는 대통령이 된 것이 기쁘지 않을 것 같구나."

"네, 알겠어요. 아빠."

오바마 대통령은 자녀의 잘못된 생각을 지적하기보다 아이들의 위치를 이해시켰다. 그러한 오바마 대통령의 설득 덕분에 두 딸도 거리낌 없이 받아들일 수 있었다.

"심부름을 할 경우 일주일에 1달러씩 용돈을 줄 거고, 말리아는 휴대전화기가 있지만 주말에만 사용해야 해. TV나 핸드폰은 다른 일을 하는 데 방해가 되거든."

그 밖에도 심부름하면 일주일에 약 1달러씩 용돈을 주어 돈의 소중함을 가르쳤고, TV 시청이나 휴대전화기 사용은 주말에만 가능하도록 규칙을 정해놓았다.

또한 그가 가장 중요하게 생각했던 것은 다른 사람의 마음을 헤아리는 일이다. 아이들에게 다른 사람들을 먼저 생각하는 방법을 가르치고 있다. 대통령 당선 연설에서 "I will listen to you"라고 말했듯, 이런 가치관을 딸들에게도 고스란히 전하고 있다.

"다른 사람들의 이야기를 귀담아들을 줄 알고, 자신의 행복보다 다른 사람의 행복을 위해 힘쓸 때 아름다운 세상을 만들 수 있단다. 나는 너희가 지금보다 아름다운 세상에 살길 바라고 또 너희가 그런 세상을 만들었으면 좋겠구나."

"하지만 아직 어린 저희가 어떻게 하죠?"

"그건 아주 간단해. 지금 너희 위치에서도 충분히 할 수 있단다. 평소에 불평 어린 말보다는 긍정적인 말을 자주 하고 너희끼리, 혹은 친구끼리 싸우지 않는 것부터가 많은 사람과의 조화를 이룰 수 있는 첫 번째 방법이지."

오바마 대통령은 집안에서 불평 어린 말이나 자매끼리의 말다툼을 금지했으며 대신 자신의 의견을 올바르게 표현하는 방법과 상대방과 타협하는 방법을 알려주고 있다. 예를 들어, 일상적인 이야기라도 "먹고 싶은 반찬이 하나도 없어"라는 부정적인 말보다 "오늘은 파스타가 먹고 싶어요"라며 자신의 의견을 긍정적으로 이야기하게 했다. 그는 상대방과 타협할 줄 알고 공감할 줄 아는 아이가 누구와도 소통할 수 있다는 것을 알고 있었다.

==대통령이 되기 전 그는 "아이들이 훌륭한 사람으로 잘 성장해가고 있기 때문에 대통령에 당선되지 않더라도 상심하지 않을 것"이라고 말한 바 있다.==

오바마 대통령은 미국이라는 거대한 국가의 대통령직을 수행하는 바쁜 일정에도 두 딸과 끊임없이 대화함으로써 각별한 사랑과 특별한 가르침을 전하고 있다.

Part.01
아빠와의 대화, 이런 게 좋다

대화로 상상력을 키워준
안데르센의 아버지

대화의 특징 중 하나는 바로 이야기를 갖고 있다는 점이다. 이야기가 없이 묻고 답하는 단순한 인스턴트 대화는 진정한 대화가 아니라고 생각한다. 그것은 컴퓨터하고도 가능한 일이다.

사람과 사람과의 대화에는 이야기가 있어야 한다. 이야기가 있는 대화는 '눈은 번쩍! 귀는 쫑긋! 말초신경은 아~~!'라고 할 수 있으며, 이야기가 재미있어서 들으면 들을수록 무한한 상상을 하게 만든다.

동화의 아버지라 불리는 한스 안데르센의 작품인《성냥팔이 소녀》, 《미운 오리 새끼》,《인어공주》 등은 아이들은 물론 어른들에게도 매우 친숙한 동화이다. 안데르센의 동화는 자신이 실제 겪거나 들은 이야기에 상상력을 더해 만들어진 이야기가 많다.

가난한 형편에 먹을 것을 구하러 다녀야 했던 어머니의 어린 시절을 떠올리며《성냥팔이 소녀》를, 배우가 되기 위해 노력했지만 극장의 배우들로부터 시골뜨기라 놀림당하며 소외되었던 자신의 모습을 바탕으로 《미운 오리 새끼》를 그려 냈다. 《인어공주》 또한 좋아하던 친구의 여동생과 이룰 수 없었던 안타까운 사랑을 경험으로 만들어냈다. 시대가 지나도 그의 작품이 변함없는 사랑을 받고 있는 것은 안데르센만이 가진 남다른 상상력 덕분이며, 이 상상력은 아버지와의 남다른 대화법으로 키울 수 있었다.

안데르센이 살았던 덴마크 핀 섬의 오덴서라는 작은 도시는 귀족과 부유한 사람들이 많았다. 하지만 구두 수선공인 아버지와 가정부로 일했던 어머니를 둔 가난한 가정의 아들이었던 안데르센은 주변 사람들로부터 따돌림을 당하기 일쑤였다. 집안도 넉넉하지 못했고 얼굴이 못생겼으며 내성적인 성격이었기 때문이다. 그래서 평생을 독신으로 살다가 죽었을 정도다.

그런 그에게는 항상 옆을 지켜주던 아버지가 있었다.

"다른 아이들이 놀아주지 않는다고 해서 슬퍼하지 말아라. 아빠가 더 재미있게 놀아줄게."

그의 아버지는 틈이 날 때마다 어린 안데르센과 자주 놀아주었다. 특히 안데르센은 아버지와 산책하며 아버지가 들려주는 이야기를 좋아했다.

"너희 엄마는 정말 씩씩했단다. 가난했지만 어린 나이에도 희망을 잃지 않았지. 열심히 살면 더 좋은 날이 올 거라고 믿는 멋진 여자였어. 누구나 그런 상황에서는 좌절하기 마련인데 엄마는 한 번도 힘이 빠진 모습을 본 적이 없었단다. 참 배울 점이 많았지. 아빠가 반한 이유이기도 하고 말이야."

==아버지는 자신의 어릴 적 이야기나 주변 사람들의 이야기, 특히 힘든 상황에서도 용기를 잃지 않고 살아가는 사람들의 이야기를 많이 들려주었고 안데르센은 아버지의 이야기에 감동하였다.==

하루는 제대로 된 장난감이 하나도 없던 안데르센에게 목각인형 하나를 만들어주었다. 만들어주는 것에서 끝나는 것이 아니라 대화를 통해 그 목각인형으로 상상할 기회를 주었다.

"안데르센, 이것 보렴. 이건 단순한 인형이 아니란다. 많은 사람의 이야기를 담을 수 있는 인형이지. 너는 어떤 이야기를 담고 싶니? 우리 이 인형에게 멋진 왕자 옷을 만들어줄까? 세상에서 제일 멋진 인형이 될 거야!"

아버지는 대화를 통해 안데르센의 상상력을 이끌어냈다. 아버지의 말에 안데르센은 서툰 바느질로 인형에게 입혀줄 옷을 만들기 시작했다. 여기에 그치지 않고 아버지는 한 번 더 그에게 멋진 제안을 했다.

"인형이 멋진 옷을 입으니 배우가 되었구나! 우리 연극을 시작해볼까?"

"와, 좋아요. 탁자로 무대를 만들어요!"

안데르센의 풍부한 상상력, 남다른 재능을 눈치채고 있던 아버지는 그 이후에도 홀베르그나 윌리엄 셰익스피어의 희곡을 읽어주었고, 마을의 누추한 거지에서부터 다양한 직업을 가지며 열심히 살아가고 있는 사람들, 어디서나 당당한 모습의 귀족 등을 가리지 않고 사람들의 삶을 보여주려고 노력하였다. 그래서인지 그의 동화 속에는 사람과 인생에 관한 이야기가 깃들어 있다.

안데르센의 아버지는 많은 것을 배우지도 못했으며 많은 것을 가진 부자는 더더욱 아니었다. 그러나 외로운 안데르센과 자주 대화를 하며 책도 읽어주고 함께 놀아줌으로써 아들이 자기 생각을 표현할 줄을 알고, 무한한 상상력을 가진 사람으로 자라게 하였다.

　아버지의 애정이 담긴 대화 덕분에 안데르센은 슬프지만 아름다운 이야기, 안타깝지만 행복한 이야기 등 자신만의 독특한 상상력으로 시대를 초월하면서까지 많은 사람들에게 사랑받는 작품을 만들 수 있었다.

Part.01
아빠와의 대화, 이런 게 좋다

편지로 자녀를 바르게 키운
다산 정약용

말보다 더 큰 힘을 발휘하는 것은 글이다. 말은 시간과 함께 흐르기 때문에 잡을 수 없지만 글은 보면 볼수록 그 의미를 되새길 수 있기 때문이다.

시간이 없어서 자녀와의 대화가 부족하다면, 멀리 떨어져 있어서 함께 할 수 없다면, 글로 마음을 전하면 좋을 것 같다. 자식을 향한 아버지의 글은 그 진심이 고스란히 전해질 것이다. 다산 정약용은 그것을 증명해주었다.

18세기 실학사상을 집대성한 한국 최고의 실학자이자 개혁가인 정약용은 1762년 경기도 광주에서 진주 목사 정재원의 아들로 태어났다. 지방관이었던 아버지를 따라 어려서부터 전국 여러 곳을 옮겨 다녔는데, 서울로 올라온 16세 때 이승훈, 이가환 등에게 학문을 배우며 실학자였던 이익의 학문을 계승하게 됐다.

정조 13년(1789년) 문과에 합격하여 여러 벼슬을 지냈으며, 암행어사로 활동하기도 했다. 행정 실무에 능하고 학문이 뛰어나 정조의 사랑을 많이 받았지만 정조가 세상을 떠난 후 시련을 맞기도 했다.

가장 큰 시련은 순조 1년(1801년) 천주교 박해 사건인 신유사옥에 관련되어 유배를 가게 된 일이었다. 사실 이때는 열흘 만에 풀려났지만 이전에 정의로웠던 그의 행동과 정약용을 아끼던 정조에 대한 질투로 간신배들의 모함을 많이 받게 되었다. 게다가 황사영 백서사건에 연루되어 강진으로 유배되는데, 이때 무려 18년의 유배생활을 하게 됐다.

길고 긴 유배 생활에도 정약용은 마음을 가다듬고 학문 연구에만 몰두하며 정치·경제·지리·역사·문학 등에 관한 책을 500여 권이나 쓸 수가 있었다.

조선시대 가족제도의 특성상 유배를 가 있는 동안은 그 자식들에게 과거시험조차 기회가 없고, 유배는 언제 형벌이 풀려 다시 임금에게 부름을 받을지 기약이 없으므로 일가가 경제적 어려움에 시달려야 했다. 이런 어려운 상황에서 다산은 자식들이 혹여 나쁜 길로 빠지고 글공부를 게을리할까 걱정이 되어 자녀와 자주 편지로 대화하였다.

편지의 내용을 자세히 읽어보면 선비정신이나 성인군자가 되는 방법, 독서에 관한 내용이 많이 보인다. 조선시대에는 사대부의 중요한 일과 중 하나가 바로 자식을 교육하는 것이었기에 아무리 떨어져 있더라도 아이들과의 대화만큼은 게을리할 수 없었던 것이다.

"너희 편지를 읽다 보니 일가친척에 대한 불만이 있어 보이더구나. 일가친척들이 너희를 불쌍히 여기지 않고 도와주지 않는다고 해서 절대 원망하지 마라. 자신은 남을 돌보지 않으면서 남이 먼저 돌보아주기를 바란다면 그만큼 오만한 근성이 또 어디 있겠느냐. 다른 사람들에게 도움 받을 생각을 하거나 원망 어린 소리를 내뱉는다면 지금까지 쌓아온 덕이 한순간에 재가 될 것이다."

"나는 너희에게 여러 번 공부에 힘써주길 바란다고 편지로 전했는데 어찌하여 너희는 단 한 번도 궁금한 점에 대해 물어온 적이 없느냐. 비록 너희에게 벼슬길은 막혀 있으나 앞으로 성인이 되고 선비가 되는 데에는 아무런 문제가 되지 않을 것이다. 오히려 좋은 점이 될 것이니, 과거 시험에 대한 부담이 없을 것이고 부족함이 몸과 마음을 단련시켜 스스로 지혜를 깨달을 수 있을 것이다. 집안이 망했더라도 그 안에서 뛰어난 선비가 나올 수 있는 것은 높은 자리에 대한 욕심보다 깨끗한 마음으로 책을 읽고 이치를 연구해 참다운 진리와 원리를 깨닫게 되기 때문이다."

다산은 아들들이 보낸 편지를 유심히 관찰하며 아들들이 알아주었으면 하는 이야기들을 다시 편지로 보내는 방법으로 대화하였다. 그들에게 편지는 서로 보지 못한 아쉬움을 표현하는 유일한 대화 창구였으며 서로의 메시지를 전할 수 있는 수단이었다.

또한 다산은 무언가 일러줄 때에는 어느 아버지보다 구체적이고 자세히 아들들에게 제시해주기도 하였다.

"독서는 어떻게 하고 있느냐? 한 번 읽고 지나친다면 나중에 필요한 내용을 다시 찾을 때 힘들어질 게다. 모름지기 책을 읽을 때에는 중요한 내용이다 싶은 것은 따로 정리해 두도록 해야 한다. 이것을 초서(抄書)라 하는데, 책 한 권을 읽더라도 내 학문에 보탬이 되는 것은 모아두고 그렇지 않은 것은 눈에 두지 않는 것이 독서의 지혜이다."

독서하는 방법은 물론, 닭을 키워보겠다는 아들에게도 그냥 지나치지 않는 세심함도 있었다.

"네가 양계를 한다고 들었다. 닭을 기르는 일은 참으로 좋은 일이다. 하지만 이것에도 우아한 것과 속된 것, 깨끗한 것과 더러운 것이 차이가 있다. 농서를 잘 읽어보고 좋은 방법을 찾아 직접 시험해보는 것이 현명하다. 빛깔을 나누어 길러보기도 하고, 횟대를 다르게 만들어 다른 집보다 살찌우고 더 번식을 잘할 수 있도록 길러보아라. 가끔은 닭의 정경을 시로 지어 보아라. 이것이 사람만이 할 수 있는 양계이다. 이익만 알고 의리는 알지 못하고 가축을 기를 줄만 알고 운치를 몰라 이웃집 참외밭의 노인과 더불어 밤낮으로 다투는 자는 바로 못난 사내의 양계나 진배없다."

아들은 이런 아버지의 가르침에 보답하듯 훗날 각종 가축에 관한 백과사전을 집필하기도 했다. 또한 아버지의 직접적인 가르침을 받진 못했지만 그보다 더 큰 진심을 느끼고 자란 자녀는 어느 사대부보다도 더 바른 정신은 물론, 글 쓰는 능력도 갖출 수 있었다. 정약용의 편지는 그 시대의 어느 아버지보다 더 친절하고 현명한 가르침을 줄 수 있었던 것이다.

실제로 아들들은 아버지의 유배지를 직접 오가며 아버지의 《주역심전(周易心箋)》을 정리하여 완성하는 등 정약용의 학문 활동을 도왔다. 특히 둘째 아들인 정학유는 농가에서 매달 할 일과 풍속 등을 한글로 읊은 《농가월령가》를 집필했으며, 의술에도 뛰어나 권세 있는 사람들의 병을 치료해주며 다산이 유배에서 풀려나는 데 도움을 주며 효를 다하였다.

이처럼 아들들이 훌륭하게 성장하는 데에는 다산의 편지가 큰 영향을 미쳤다. 다산은 유배로 인해 아들들과 오랜 시간 멀리 떨어질 수밖에 없었지만, 편지로 대화함으로써 부모로서의 가르침을 다하고자 하였다.

이상으로 세 명의 위대한 아버지가 아이들의 어린 시절 어떻게 대화했는지를 살펴보았다. 아이의 행복한 미래를 위해 아빠가 할 일은 재산을 많이 남겨주는 것이 아니라 아이의 마음을 이해하고 함께하는 시간을 갖는 것이다. 아이와 친구가 되는 가장 쉽고 실천하기 좋은 방법이 바로 '대화'이다.

Part.01
아빠와의 대화, 이런 게 좋다

아빠 대화법은
엄마 대화법과 다르다

아들만 키우는 엄마들의 공통점은 목소리 톤이 갈수록 커진다는 것과 사용하는 단어가 험하고 과격해진다는 것이다. 우리 집도 예외는 아니다.

아들 둘이 집안을 이리저리 휘젓고 다니는 것도 정신없고, 둘이 잘 놀다가도 다투기라도 하면 큰 녀석은 화가 나 있고 작은 녀석은 울면서 달려드니 하루도 조용할 날이 없다. 몇 년 전 아내가 지나가는 말로 "딸이 있었으면 좋겠어"라고 한 적이 있다. 그런데 나는 "그냥 아들이 좋아"라고 대꾸했다.

내 친구들은 딸 키우는 재미가 아들보다 더 낫다는 말을 종종 한다. 내가 아들을 좋아하는 것은 뭐 그리 거창한 이유보다 목소리 때문이다. 이제는 초등학생이 된 조카딸이 있는데 이 녀석이 어릴 때 '징징'거리며 우는 소리를 자주 했다. 첫째 아이를 아들로 키우고 있던 나로서는 여자아이는 저런 게 다르구나 하고 생각을 했다.

그런데 그 징징거리는 소리가 거슬리는 것은 나뿐만이 아니었다. 뉴욕

주립대학교 심리학과 로제마리 장 교수팀이 어른들에게 어떤 종류의 소음을 가장 안 좋아하는지 연구한 결과 아이들의 징징거리는 소리가 '최악의 소음'으로 꼽혔다. 남녀 구분 없이 공통으로 싫어하는 소리인 셈이다.

왜 아들을 키우는 엄마들의 목소리는 커져가고 험악해지는 것일까? 엄마들 목소리가 원래부터 그렇게 크지도 않았고, 결혼 전에는 이슬만 먹을 거 같았는데 왜 그렇게 된 것일까 하는 이유를 생각해봤다.

이유는 간단했다. 엄마는 여자고 아들은 남자인 것이었다. 아내를 예로 들면, 처가는 딸만 셋이다. 남자는 아버지밖에 없는 집안에서 자랐다. 그래서 남자아이들에 대한 이해도가 낮은 것이었다.

그렇게 생각하고 나서 아내가 예전에 했던 말들을 생각하니 이해가 되기 시작했다. 가끔 "남자애들은 왜 그런지 이해가 안 돼", "여자애들 방은 우리 집과 완전 다르더라"라고 했던 것이 기억이 났다.

이런 측면에서 보면 남자아이들은 아빠와의 대화와 활동이 적을수록 남자의 성향과 습성을 익히고 배울 기회가 적어지는 것이다.

여자아이들도 남자를 접하는 기회가 적기는 마찬가지다. 학교에 가도 남자 선생님을 찾아보기가 쉽지 않다. 집에 와도 아빠는 얼굴 보기 어렵다. 대화한다는 것은 더더욱 힘든 상황이다. 그래서 아빠의 역할이 더욱 필요한 시기라고 할 수 있다.

같은 사물과 현상을 보더라도 아빠와 엄마는 다른 시각에서 출발한다. 아이와 대화에 있어서도 아빠와 엄마의 대화는 시각의 차이만큼 다르게 접근하게 된다.

첫째 규환이가 4학년 때 우리 부부는 시험공부를 나눠서 가르친 적이 있다. 밤에 시간을 내서 두 과목씩 나눠서 시험공부를 가르쳤다. 나는 과학, 국어를 아내는 수학, 사회를 맡았다.

규환이는 "이거 왜 해야 돼요?"라는 생각을 먼저 하는 아이다. 그래서 무슨 과목이든 단어에 담긴 속뜻을 이해부터 시키고 시작했다.

예를 들면 '풍화작용'이면 '바람 風', '될 化' 등으로 설명을 시작했고, 퇴적, 침식 등도 유사한 방법으로 설명하며 이런 것들이 연관되어 있다는 것으로 이어갔다. 숲을 먼저 본 후 나무를 보는 방식으로 설명하니 이해를 쉽게 했다.

둘째 윤환이는 요즘 그림에 빠져 있다. 남자아이의 그림과 여자아이의 그림은 소재도 다르고 색상도 많은 차이를 보인다. 윤환이의 경우도 자동차와 공룡, 로봇 등을 주로 그리고 검은색, 초록색, 파란색, 회색 등 대여섯 가지 색을 주로 사용한다.

==단순하고 거칠 수밖에 없는 남자아이의 그림을 여자아이들의 섬세하고 세밀한 그림과 비교해서 누가 더 잘했다고 할 수 없다. 다른 시각에서 그림을 보고 이해하고 질문하고 대화해야 한다.==

남자와 여자의 시각 차이를 인정하는 것보다 더 중요한 것은 '공감능력'이다. 아이의 성향을 정확히 파악해야 한다. 다른 아이와 다른 점을 이해하고 개성을 존중해야 한다. 남자는 논리적이고 여자는 감성적이라고 하지만 모든 아이가 그렇지는 않다고 본다.

그렇다면 내 아이의 성향을 가장 잘 아는 사람 즉, 아빠와 엄마가 어떻게 접근하고 풀어나가야 좋을지에 대해 심각하게 고민해야 한다. 그리고 서로의 역할에 대해 의논할 필요가 있다.

부모도 아빠, 엄마이기 전에 남자와 여자다. 또한 각자의 성향이 분명 다르므로 아이들에 대한 역할에 대해서도 자주 대화하며 분담해야 할 것이다.

앞에서도 언급했지만 아이들이 생활하는 공간에 남자가 점점 없어져 간다. 그래서 아빠들의 역할이 무엇보다 필요한 시대이다.

Part.01
아빠와의 대화, 이런 게 좋다

아이의 학습 능력
아빠와의 대화에 달렸다

　아이가 공부를 잘하려면 할아버지의 재력과 아빠의 무관심, 엄마의 정보력이 필요하다는 말이 있다. 뒷맛이 씁쓸하지만 이것만큼 요즘 교육 현실을 잘 꼬집은 말도 없는 것 같다.

　반면 이런 현실을 뒤집는 자료가 있다. 통계청에서 발표한 2011 청소년 통계를 보면 상위권 학생의 49.5%가 아빠와 대화를 자주 또는 매우 자주 한다고 응답했다. 반대로 '전혀 대화하지 않는다'고 응답한 학생은 성적 상위권은 7.1%, 중위권은 6.5%, 하위권은 10.6%인 것으로 집계됐다고 한다. 아빠와 대화를 자주 하는 것만으로도 아이의 학습 능력을 높일 수 있다는 것이다.

　그렇다면 어떻게 대화를 하면 되는가? 그것에 대한 해답을 '야신 김성근' 감독의 훈련 방법에서 찾아보자. 몇 년 전 온라인 경제신문 〈이데일리〉에서 '김성근 장인 리더십'이란 제목의 연재가 있었고, 그중에 훈련 방법에 대한 일화가 있다.

'김성근 감독은 혹독한 훈련으로 유명하다. 밥 먹는 시간도 아까워하는 그가 아끼지 않는 시간이 있다고 하는데, 바로 매일 저녁 식사 후 1시간씩 치러지는 미팅이다. 일종의 정신교육이 이루어진다고 한다. 김 감독은 그 시간을 통해 '어떻게'가 아닌 '왜'를 가르친다. 내가 왜 야구를 해야 하는지, 왜 이렇게 많은 땀을 흘려야 하는지에 대해 이야기한다는 것이다. 특히 첫 시간은 항상 선수들에게 설문지를 돌리는 것으로 시작된다. 선수들은 "너에게 야구란 무엇이냐", "어떤 각오로 훈련에 임하고 있으며 목표는 무엇인가" 등의 항목이다. 김 감독은 이것을 '약속'이라고 부른다는 것이다.'

이것이 바로 요즘 사교육 시장에서도 가장 주목받고 있는 '자기주도학습' 또는 '스스로 학습'인 것이다.

==할아버지의 재력이 없어도, 엄마의 정보력이 부족해도 학습 능력이 높은 아이로 키울 방법은 '아빠의 대화'다. '어떻게'가 아닌 '왜'를 생각하게 하는 아빠의 질문법이 아이가 왜 공부를 해야 하는지를 스스로 깨우칠 수 있게 하는 핵심 포인트이다.==

그런데 아빠들의 대화는 '왜'를 생각하게 하는 것이 아니라 "왜 안 하느냐?", "무엇 때문에 그 모양, 그 꼴이냐!"라고 결과에 치중하는 일방적인 훈계나 잔소리일 가능성이 많다.

아빠는 만족하는 결과물을 만들기 위해 어떻게 하는 것이 좋은지를 생각하는 관리자가 되어서는 안 된다. 아빠는 좋은 질문으로 아이의 행동 변화를 유도하는 '훌륭한 코치'가 되어야 한다. 훌륭한 코치는 분야별 전문가라기보다 심리 전문가에 더 가깝다.

2002년 월드컵의 감동을 우리에게 안겨주며 깊은 인상을 남긴 '거스

히딩크' 감독의 경우가 그렇다. 그는 선수 시절에는 빛을 보지 못했지만 그가 감독을 맡았던 팀들은 모두 놀라운 성과를 이루었다. 그런 성과를 낼 수 있었던 것은 선수들이 히딩크 감독을 전적으로 믿고 신뢰했기에 가능했던 것이다.

그는 "나는 여전히 배고프다"는 말로 16강 진출로 기뻐하는 선수들에게 더 큰 목표를 제시했고 결국 4강 신화를 만들어냈다. 그의 탁월한 코칭 능력이 있었기에 가능했던 일이라고 생각한다.

아빠가 훌륭한 코치가 되는 방법 중 하나가 바로 아이가 스스로 생각하게 하는 질문을 하는 것이다. 아빠가 말이 많아지면 답을 알려주는 결과를 낳게 된다. 아이가 자기 생각을 말하며 생각을 이어갈 수 있는 질문을 하는 것이 바로 훌륭한 코치이자 아빠의 역할이다.

우리는 아이의 무한한 잠재력을 믿는다. 아이가 조금 늦을 수도 있고, 빠를 수도 있다. 중요한 것은 속도가 아니라 아이가 스스로 깨닫고 배울 수 있도록 도와주고 기다려주는 것이다.

PART
02

아빠가 꼭 알아야 할
대화 전 준비

아이에게 교훈을 주거나 신뢰성을 높일 수 있는 대화 재료들은 의외로 사소한 것에서 비롯된다. 아이가 '아빠도 어렸을 적에 나랑 비슷했구나!'라고 생각할 수 있는 재료를 선택하는 것이 중요하다. 주의할 점은 대화를 시작하는 단계부터 교훈적인 내용이나 조언, 충고로 몰고 가지 않도록 한다. 이런 얘기는 좀 더 친해지거나 많은 대화가 오고 간 후에 해도 늦지 않다.

Part.02
아빠가 꼭 알아야 할 대화 전 준비

당신의 아이는
몇 학년 몇 반인가?

"안녕하세요! 영업팀장 김철수입니다."

"네, 반갑습니다. 관리과장 이영수입니다."

서로 악수와 함께 명함을 주고받는다. 그리고 받은 명함을 빠르게 스캔하며 공통점과 이야깃거리를 찾는다. 명함에서 주는 정보가 부족하기 때문에 말투나 스타일, 액세서리 등을 살피며 고향, 종교, 취미 등의 호구조사로 자연스럽게 이어진다. 이 모습은 사회 생활하면서 벌어지는 일상적인 상황이다.

만약 상대방에 대한 정보를 미리 파악할 수 있었다면 이런 행동들은 불필요할 뿐만 아니라 상대방과의 첫 만남부터 상당히 친숙한 분위기에서 업무를 진행할 수 있지 않을까?

그런가 하면 어색한 상황을 극복하기 위해 자기계발서나 사내교육을 통해 대인관계에 대해 많은 것을 배우고 현장에서 체득하기도 한다.

그런데 이상하게도 집에 들어가면 책이나 회사에서 배우고 익힌 대화법, 상냥함, 배려심, 예절 등은 퇴근과 함께 회사에 키핑(keeping)하고 아주 편안한(?) 정신이 되어 태도가 달라진다. 집에 들어가면서 빠르게 스캔하는 것은 TV 리모컨의 위치요, 몸으로 체득하는 것은 아내와 아이들의 표정을 대략 훑어본 후의 집안 분위기다.

물론 집에서는 업무에 지친 몸을 쉬게 해야 한다. 그래야 다음날도 열심히 일할 수 있으니까. 그러나 우리가 열심히 일하는 이유가 무엇인가? 나의 자아를 실현하려는 욕구도 중요한 이유이다. 하지만 내 아이가 부족함 없이, 하고 싶은 것을 할 수 있도록 경제적으로 어려움이 없도록 하는 것도 빼놓을 수 없는 이유일 것이다.

리모컨과 일심동체 하며 집안의 '외로운 섬'처럼 지내는 것은 몸이 피곤해서 그렇기도 하지만, 어쩌면 그동안 아이들과 함께하는 시간을 많이 가져보지 못해서 어떻게 대화하는 것이 좋은지 잘 모르는 경우도 있을 것이다.

대학 동아리 친구들과 오랜만에 만난 자리에서 자녀들과 무슨 대화를 하는지 물어보았다. 남자 친구들은 "애랑 뭘 얘길 하나?", "난 같이 잘 놀아주고 있어"라며 대답했다. 반면 그 자리에 있던 여자 친구들은 전혀 다른 얘기를 했다. 남편들이 아이와 하는 대화를 평가하는 것이 완전히 달랐다.

"아빠들은 개론만 얘기하고 각론이 없어", "아이가 몇 반인지 아는 것은 고사하고 몇 학년인지도 헷갈려 하더라", "아이가 뭘 물어보면 '나중에 하자'라며 말을 돌리더라고", "아빠는 아이들의 관심사를 전혀 모른다니까"라며 불만을 털어놓았다.

이 장에서는 아이와 대화하기 위해 어떤 준비를 해야 하는지에 대한 얘기를 하려고 한다.

　아이와 같이 보내는 시간이 적어서 미안한 마음에 개론적인 것이라도 아이와 대화하고 싶은 것이 우리 아빠들이다. 집에서 같이 있는 시간이 많다고 해서 대화하는 시간이 늘어나는 것도 아니다. 대화하기보다는 각자 놀 수 있는 최적의 미디어를 하나씩 손에 들고 있는 경우가 허다하다. 대화를 하더라도 무엇부터 어떻게 해야 좋을지 감이 잘 오지 않는다.

　명함을 주고받으며 어색함을 피하기 위해 상대방에 대해 사전 정보를 입수하듯, 아이와 대화하는 데 필요한 것이 무엇인지 몇 가지 알아두자.

Part.02
아빠가 꼭 알아야 할 대화 전 준비

아이 앞에서
잘난 척은 그만하라

얼마 전 취업포털사이트 잡코리아에서 최악의 직장 동료를 조사했는데 응답자 중 절반인 50.2%가 '말이 많은 동료'를 뽑았다. 말과 관련된 나쁜 동료 유형을 살펴보면, 1위가 '호박씨형(50.7%)', 2위가 '틈만 나면 잘난 척하는 척척박사형(41.0%)' 등이었다.

결론적으로 뒤에서 다른 말을 하고, 자기 잘난 척을 하며 말이 많은 사람들을 우리는 싫어한다. 싫어해도 너~~무 싫어한다.

그런데 이런 유형의 사람은 어디에서도 환영받을 수 없는 스타일임은 틀림없다. 다른 사람의 이야기를 듣기보다 자기가 잘한 것에 대해 자랑하는 것을 즐거움으로 아는 사람이다. 일방통행식의 대화 스타일이다. 어른들끼리도 이러한데 하물며 아이들이라고 이런 스타일의 아빠를 좋아할까?

아이와 이야기할 때도 잘난 척하는 아빠들을 자주 볼 수 있다.

"아빠는 운동 자~~알 했지."

"아빠가 1등은 아니어도 다섯 손가락 안에는 꼭 들었어."
"아빠가 가르쳐줄게. 아빠가 모르는 게 어딨니?"

아이에게 인정받고 싶어하는 아빠들의 '불편한 진실'이 자주 나타난다. 아빠들의 말을 종합해보면 어릴 때 공부 못하고, 운동 못했던 아빠들은 현재 대한민국을 떠났다고 할 수밖에 없을 것이다.

'잘난 척하는 아빠.'

그것은 아이에 대해 아는 것이 부족한 상태는 아닐까? 아이가 무얼 잘하는지, 무엇에 관심이 있는지, 무엇을 하고 싶은지, 그리고 아이의 속마음은 무엇인지 모르기 때문에 아이 앞에서 잘난 척하고 있는 것은 아닐까? 아이가 아빠에게 질문하는 이유는 엄마에게서 얻지 못한 대답을 얻고자 할 때, 엄마보다 아빠가 더 전문 분야라고 판단한 질문, 그리고 그 순간 더 함께하고 싶은 마음에 질문하는 것이라 생각한다. 그런데 아빠가 잘난 척하며 대화를 자기 위주로 끌고 간다면 아이는 아빠와의 대화를 멀리할 것이다.

누구나 나의 얘기를 잘 들어주는 사람에게 끌리는 법이다. 대화에서 듣기와 말하기 중 더 중요한 것은 바로 듣기다. 듣기를 잘하는 사람이 대화를 잘하는 사람이라는 것은 이제 웬만한 사람은 다 아는 커뮤니케이션 이론이다.

아이와 대화에서도 중요한 것이 바로 듣기다. 그냥 들어주며 고개를 끄덕여주다가 "음~", "고뤠~" 하며 추임새를 넣어주면 아이는 더 기분이 업(up)되어 대화를 이어갈 것이다. 다만 아이는 어른과 다르게 생각 주머니가 아직 성숙하지 않아서 이야기가 길게 이어지기 어렵거나 생각의 깊이가 부족해서 흐름이 깨질 수 있다.

이때 아빠는 적절한 질문으로 아이와의 대화를 이어가야 한다. 추임새를 넣어야 할 타이밍에 자기 자랑, 자기가 겪은 일, 충고, 조언 등 이런 것으로 이야기의 흐름을 깨지 말고, 아이의 생각이 더 깊어질 수 있도록 질문과 응답을 반복하며 대화를 해야 한다. 질문과 응답에 대한 방법은 제7장 '아이의 창의력을 키워주는 10분 대화법'에서 다루고 있다.

아이가 더 많은 말을 하도록 하고, 아이가 말하면서 더 흥에 겨워야 하고, 아이가 더 말을 하고 싶게 한다면 아빠는 '커뮤니케이션의 달인'이 된 것이다.

Part.02
아빠가 꼭 알아야 할 대화 전 준비

아이와의
대화거리 찾기

　학창시절 시험을 볼 때 준비할 것들이 있다. 사람마다 준비하는 것이 다르지만 세 부류로 나눌 수 있다. 열심히 공부한 그룹은 정리한 노트를 들고 간다. 준비가 부족한 친구들은 차별화된 자신만의 노하우를 결집한 '커닝'용 장비를 준비한다. 그리고 시험보다 인생과 삶을 준비하느라 바쁜 경우에는 두둑한 배짱과 다음 기회를 노리는 결단력을 준비한다.

　세 부류를 두루 경험한 나로서는 그래도 첫 번째 경우가 가장 자신감, 뿌듯함, 떳떳함을 느꼈던 것 같다.

　대화 상대를 만나는 자리에도 준비할 것이 바로 대화 상대에 대한 사전 정보다. 상대방의 성별, 지위, 취미 등 일반적인 것 외에도 특이한 사항 또는 현재의 건강이나 감정 상태 등을 미리 알게 된 후 만났을 때 대화는 좋은 결과로 이어진다.

1. 기초 조사부터 시작하라

아이에게 다가갈 때 먼저 준비할 것이 바로 '기초 조사'다. '내 아이니까 내가 잘 알지'라고 생각한다면 그 생각부터 바꿔야 할 것이다. 평소에 대화가 없던 아빠가 "우리 얘기나 할까?" 하며 멋쩍게 웃으며 다가가면 아이들은 오히려 당황해서 '멘붕'이 될 수도 있다. 아이에 대해 뭔가 알아야 같이 대화할 수 있다.

아이가 몇 학년, 몇 반, 몇 번인지 아는 아빠는 드물 것이다. 소재를 찾기 이전에 할 일은 아이에 대해 알고 있는 것을 정리해보는 것이다. 유치원이면 무슨 반인지, 초등학생이면 학년, 반, 번호, 선생님 성함, 친한 친구의 이름, 집 근처에 사는 친구 등은 기본 중의 기본이다. 그리고 요즘 학교에서 운영하는 방과후교실에서 무엇을 하는지, 학원에서 무엇을 배우는지도 알아야 한다. 모르는 것은 엄마를 통해 정보를 입수하면 좋다.

그런가 하면 요즘 고민은 무엇인지, 좋아하는 여자 친구가 있는지, 어떤 과목 공부가 힘든지 등은 아이에게 직접 물어봐야 할 것이다. 아이에게 물어볼 때 "궁금해요~ 궁금하면 500원!"이라는 유행어를 사용해보는 것도 재미있다. 아이가 대답할 때마다 500원씩 주면서 해도 재미있을 것이다.

나는 아이의 '절친'에 대해 알아보다가 그 아빠나 엄마가 우리 부부와 나이가 비슷하다는 것을 알고 같이 식사하는 자리를 만들어봤는데, 어른들이나 아이들 모두 재미있어했다.

2. 대화의 소재를 찾아라

이야기의 재료는 대화의 성공과 실패를 가르는 기준이 된다. 아이와 공감할 수 있는 재료를 고르는 것이 무엇보다 중요하다. 재료를 선택한 후에 풀어가는 방식도 주의를 기울여야 한다. 같은 뉴스를 보더라도 사람마다 해석이 다르듯, 아이의 시각으로 해석하는 시간을 갖도록 하자. 그럼 이야기의 재료는 어떻게 찾는가?

첫째, 아이가 좋아하고 호기심이 가득한 소재를 찾아라.

게임, 카톡, 연예인, 개콘의 유행어 등 아빠의 시선으로는 '뭐 그런 게 궁금하냐?'라고 할 수 있지만 아이에게는 정말 궁금해서 견딜 수 없는 이야깃거리일 수 있다. 사실 아빠들도 어릴 적에 공부 빼고 다 재미있고 궁금하지 않았나? 세대 차이가 있다고는 하지만 근본적으로 그 또래는 비슷한 감성을 가지고 있으니 잠시 어린 시절을 떠올리며 아이와 공감해보자.

둘째, 재료의 보물 창고라고 할 수 있는 아빠의 체험과 관심사를 활용해라.

남의 얘기나 인터넷, 신문, TV 등을 통해서 알게 된 정보를 이용하는 것은 유용하다. 그러나 현장감이 떨어진다. 아이에게 교훈을 주거나 신뢰성을 높일 수 있는 대화 재료들은 의외로 사소한 것에서 비롯된다. 아이가 '아빠도 어렸을 적에 나랑 비슷했구나!'라고 생각할 수 있는 재료를 선택하는 것이 중요하다.

주의할 점은 대화를 시작하는 단계에서 처음부터 교훈적인 내용이나 조언, 충고로 몰고 가지 않도록 한다. 이런 얘기는 좀 더 친해지거나 많은 대화가 오고 간 후에 해도 늦지 않다.

3. 대화의 소재를 공유하라

아이와 함께하는 경험을 많이 공유하면서 대화하기 가장 좋은 상태를 만드는 것이다. 거창하게 생각하지 말고 작은 일부터 자주 함께 하는 것이 좋다.

- **장 보러 가기**

마트에 장을 보러 같이 가는 것도 좋지만 재래시장에 함께 가는 것을 더 권하고 싶다. 평촌에 사는 나는 안양 1번가에 있는 중앙시장으로 아이들과 함께 간 일이 있다. 대형 할인점에서는 볼 수 없는 풍경과 먹을거리들을 보며 아이들이 너무 재미있어했다. 그러면서 아빠 고향의 전통시장에 대해서 물어오기도 하고, 보는 것마다 질문이 계속 이어졌다. 평소에는 집 주변에 있는 대형 할인점을 자주 가지만 어디를 가든 장보기는 아이들이 좋아하고 나도 참 좋아하는 활동이다.

- **음악 공유하기**

요즘은 초등학교 저학년들도 아이돌 가수에 관한 관심이 높아 MP3로 음악을 많이 듣는다. 아빠들이 생각하기에 '요즘 음악이 음악이냐'라고 생각할 수도 있다. 음악의 생명력이 너무 짧기도 하고 최근 들어 국민가요라고 부를 정도로 모두가 공감하는 곡이 없는 것이 사실이다.

그런데 근래에 TV 예능 프로그램 가운데 '나는 가수다', '불후의 명곡' 등 과거에 히트했던 명곡들을 노래 잘하는 아이돌 가수들이 새롭게 편곡해서 불러서 좋은 반응을 얻고 있다. 또 복고풍의 노래들도 사랑을 받고 있다. 이런 프로그램과 요즘 트렌드 덕분에 아빠와 아이가 음악이라는 것을 통해 함께 즐길 수 있게 된 것도 참 반가운 일이다.

나는 요즘 LP를 즐겨 듣는다. 10여 년 전에 사 두었던 턴테이블이 있었는데 그동안 아이들이 어려서 쓰지 못하고 있다가 다시 가동하기 시작한 것이다. 아이팟을 만든 스티브 잡스도 LP로 음악을 듣는 마니아였다고 하니, LP가 주는 감동은 특별한 것 같다.

LP를 들을 때만 느낄 수 있는 감동은 여러 실험에서도 증명한 바 있다. LP와 CD, MP3 소리를 비교한 다큐멘터리 '생명의 소리-아날로그'에서는 MP3가 식물의 성장을 저해한다는 실험 결과를 보여주었다. 그런가 하면 2006년에 방송된 KBS '스펀지'에서는 휴대전화로 듣는 MP3가 건강에 악영향을 끼친다는 실험 결과를 방송한 적도 있다. 방송에 따르면 휴대전화의 MP3 플레이어를 이용해 10분 이상 음악을 들으면 근력이 약해져 평상시보다 힘을 쓸 수 없다는 것이다.

LP는 아날로그적 감성 이상의 영향을 미칠 수 있으므로 가급적 아이들에게 CD나 LP로 음악을 들려주려고 한다.

- **영화, 콘서트 관람**

DVD나 비디오를 빌려 보는 것도 좋지만 개봉하는 영화를 기다렸다가 아이들과 함께 보는 것도 좋다. 아이들에게 그 영화에 대해 미리 알아보게 하면 정말 재미있어한다. 감독이나 배우에 대해 알면 그 감독과 배우의 전작에 대해서도 관심을 두는 경우도 있다.

2012년 초 가족이 함께 '김장훈 콘서트'에 간 적이 있다. 콘서트를 보기 전부터 김장훈의 예전 노래들을 들려주며 사전 조사를 함께했다. 그래도 전직 라디오 DJ였기에 내가 좋아했던 가수들의 음반이나 자료가 꽤 있다. 만일 그런 것이 없더라도 요즘은 인터넷을 통해 쉽게 자료를 찾을 수 있고 음악도 찾아 들을 수 있으니 활용해보면 좋다.

• 여행가기

여행을 가는 것도 좋지만 여행가기 전에 그곳에 대해 함께 조사해보면 아이들이 더 좋아한다. 예를 들어 얼마 전 전주 한옥마을에 간 적이 있는데, 미리 전주에 대해 인터넷과 책을 뒤지며 아이들과 같이 조사를 했다. 그러면서 나도 몰랐던 것을 알게 되었다. 그 중 하나가 조선의 3대 음식인데 '평양의 냉면', '개성의 탕반', '전주의 비빔밥'이다.

여행지에 대한 자료는 각 시군의 관공서에 신청하면 무료로 배송해준다. 그리고 고속도로 휴게소에 가면 지역별로 비치되어 있으니 찾아보는 것도 좋다.

내가 경험했던 것들 중에 몇 가지를 소개했다. 아이들이 성장하면서 함께 할 수 있는 활동은 다양해진다. 다양한 일을 함께하며 공유하는 것은 풍부한 대화 소재를 창고에 하나씩 쌓는 일이다. 작은 것부터, 쉬운 것부터 하나씩 자주 하는 것이 무엇보다 중요하다.

Part.02
아빠가 꼭 알아야 할 대화 전 준비

아이 연령에 맞는
효과적인 아빠 대화법

아빠들의 대화 스타일은 아이가 성장함에 따라 달라진다. 아이가 태어나면 처음에는 능동적으로 대화하다가 아이가 단순한 문장을 만들기 시작하는 4~5세를 지나면서 조금씩 수동적인 형태를 보이며 변해간다.

"왜, 그렇게 돼요?", "왜, 그런 거예요?" 등 "왜?" 소리와 함께 시작되는 아이의 질문에는 원리를 알아야 설명할 수 있는 것도 있고, 아이가 알아듣기 쉬운 방법과 단어를 생각해야 하므로 점점 대화하기 싫어지면서 수동적으로 변한다.

그러나 이때가 이전 못지않게 아빠와의 대화가 더 필요한 시기라 할 수 있다. 또한 더 능동적이고 활동적인 아빠의 모습이 요구되는 시기이기도 하다.

아이가 초등학교 진학을 하면 점점 자아가 형성되기 때문에 아빠의 따뜻한 말과 행동은 적극적인 아이, 책임감 있는 아이, 꿈이 있는 아이로 성장할 수 있는 밑거름이 된다. 그리고 아이의 질문에 대해 논리적인 설명을 해줄 수 있다는 것은 아빠가 가진 장점일 것이다.

아이의 나이별 대화하는 요령을 아빠들의 경험과 생각을 바탕으로 네 분류로 정리해본다.

5~7세 : 아이의 '왜'라는 질문에 겁먹지 마라

'왜'라는 질문의 유형도 크게 두 가지로 나눌 수 있다. 자연현상에 대한 것과 우리가 너무도 당연하다고 여기는 것에 대한 질문이다.

첫째, 자연현상에 대한 질문 중 일곱 살인 둘째 윤환이가 많이 했던 질문으로 "비는 어떻게 만드는 거예요?", "무지개는 어떻게 만들어요?" 하는 것 등이 있었다.

아빠는 대답을 할 때는 '다큐멘터리'로 할 것인지, '픽션'으로 할 것인지를 잘 파악해야 한다. 나의 경우 아이가 원리를 알고 싶어 하면 "빗방울에 햇빛이 비치면서 무지개가 만들어지는데, 아빠와 윤환이가 만들 수도 있어요" 하며 실제로 분무기로 무지개를 만들어보기도 했었다. 그런데 같은 질문을 동화 속에 나오는 무지개를 보며 했다면 앞에서와같이 원리를 말해주면 너무 건조해진다. 이때는 아이의 상상력을 깨지 말아야 한다.

예를 들어 "무지개는 선녀님이 다니는 하늘의 길이야. 너무 멀어서 안 보이지만 선녀님이 무지개를 타고 가고 싶은 곳으로 가는 거야" 등 상황에 맞는 사례로 대답하면 "선녀님은 어딜 주로 가느냐", "선녀는 왜 여자만 있느냐" 등 재미있는 질문도 이어진다.

두 번째, 당연한 것에 대한 질문으로는 "왜, 신호등이 초록불일 때 걸으면서, 자동차도 초록불일 때 지나가요?"처럼 일종의 규칙에 대한 질문이다. 이때는 왜 규칙이 만들어졌는지, 규칙을 안 지켰을 때는 어떤 일이 벌어지는지를 설명을 해주었다.

이 시기에는 유치원에서도 질서, 예절 등에 대한 것을 배우기 때문에 그냥 무조건 아이에게 지키라고 말하는 것보다는 왜 지켜야 하는지를 설명하고 행동으로 보여주는 것이 필요하다.

8~9세 : 아이가 겪는 새로운 생활을 대화 소재로 삼아라

첫째 규환이가 아홉 살이던 2학년 때 '틱'이 생겼고, 그로 인해 심리 상담을 받았던 일이 있다. 1학년 때는 뭐가 뭔지 잘 모르고 1학년이기에 아이에게 많은 시간을 할애해서 학교생활과 친구들에 대해 묻기도 하고 대답도 잘 해주었다. 2학년이 되면서 '어느 정도 적응했겠다'는 생각이 들어 규환이에 대해 안심하고 있었다.

그런데 규환이가 말도 더듬거리면서 답답해하는 등 조금 이상한 모습을 보였다. 우리는 별것 아닌 것으로 치부하였는데 규환이의 증세가 더 심해졌었다. 그래서 아이에게 게임을 하러 간다고 말하고는 심리 상담을 받으러 갔었다. 그리고 그때 집과 학교와의 차이점을 느꼈다. 바로 아이의 말을 들어주는 사람이 달라진 것이다.

나와 아내는 규환이가 하는 질문과 얘기를 차근차근 다 들어주면서 생활을 했는데, 학교에서는 한 분의 선생님과 30여 명의 아이들이 있다 보니 규환이뿐만 아니라 다른 아이들의 말도 선생님이 잘 들어주기 힘든 상황이었다. 더군다나 나와 아내는 규환이가 2학년이 되면서 아이에 대한 배려가 예전만큼 못해서 그런 현상이 발생했었다. 다행히 아이의 상태가 심하지 않았고, 초기에 상담을 받아서 완치는 되었지만 우리 부부는 많은 반성을 했다.

이 시기에는 아이의 말을 더 정성껏 들어주는 것이 우선 필요하다. 다양한 성격의 아이들이 만나고 공동체를 이루기 때문에 많은 일이 발생한다. 그러므로 학교에 갔다 온 아이에게 "학교에선 별일 없었어?"라고 "예", "아니오"처럼 단답형 대답이 나오는 질문을 하지 말고, "오늘 점심 반찬은 뭐였어?", "짝꿍 이름이 뭐야?" 등 이야기를 할 수 있는 질문을 통해 아이의 학교생활을 하나씩 들어보며 아이가 불편한 것은 없는지, 재미있어하는 것은 무엇인지 등을 파악해야 한다.

그리고 학교생활에서 지켜야 할 것들에 대해서는 조금씩 이해시켜가며 차근차근 실천할 수 있도록 하는 것이 좋은 방법이다.

10~11세 : 친구 관계가 중요해지는 시기임을 기억하라

부모가 되어 보니 아이가 맞고 들어오는 것보다 때리고 들어오는 것이 더 기분이 좋겠다는 생각을 하게 된다. 어느 날 친구에게 놀림을 당하고 축 처져서 들어오는 아이를 보고 "너, 태권도를 배웠으면 써먹어야지" 하며 답답한 마음에 화를 낸 적이 있다. 그때 아이의 대답은 "사범님이 태권도는 남을 때리라고 배우는 게 아니라고 했어요" 하는 것이었다.

맞는 말이다. 공격이 아니라 자신을 방어하는 것이 무술인 것은 맞는데, 내 아이가 무시당하는 것 같아 화가 나는 것은 어쩔 수 없어서 "그래도 네가 힘들면 방어 차원에서 공격을 해야지" 하며 다그치기도 했다. 참으로 풀기 힘든 숙제다.

초등학교 저학년 때는 자아가 발달해서 고집을 부리고 친구들과 잘 싸운다. 규환이가 3학년 때는 친구들과 다퉈서 화가 난 경우를 여러 번 봤다. 그런데 4학년이 되면서는 그런 일이 별로 없었고 여럿이 함께 다니기 시작했다. 그래서 친구가 필요한 것이다.

아이가 3학년 때는 마음에 맞는 친구가 별로 없었다. 그런데 4학년이 되니 하나 둘씩 친구가 생기기 시작했는데, '건담'을 좋아해서 같은 취미를 가진 친구도 생겼고, 자기와 말이 통하는 아이들을 만나는 것이 보였다.

규환이가 제일 좋아하는 친구는 진우라는 아이다. 그 아빠는 나랑 동갑이고, 엄마는 아내랑 동갑이다. 그러다 보니 편하게 식사하면서 소주도 한잔하고, 기차 여행도 간 적이 있어서 아이들끼리 더 친하고 편한 친구가 되었다.

빌 게이츠의 아버지인 빌 게이츠 시니어가 쓴 《게이츠가 게이츠에게》라는 책을 보면 여러 가족이 함께 캠핑하며 부모들과 아이들까지 친하게 지내는 이야기가 많이 나온다. 빌 게이츠는 그런 활동을 통해 더불어 산다는 것에 대해 많이 배우게 되었다고 한다.

12~15세 : 아빠가 생각하는 것보다 어른스러운 나이임을 인정하라

첫째 규환이가 이제 열두 살, 5학년이 되었다. 요즘 들어 규환이의 질문은 원리를 알고 싶어 하는 것이 많아졌다. 조립하고 만들고 직접 경험해보는 것을 좋아해서 질문도 사물과 현상의 원리를 알고 싶어 하는 것으로 변해간 것 같다.

카메라를 보면 "카메라는 누가 처음 만들었어요?", 장난감 총을 만지작거리면서 "총알은 어떻게 앞으로 나가요?", "옛날 총은 왜 불을 붙였어요?", 내가 운전하다가 어떤 동작을 하면 "아빠, 지금 뭐 한 거예요?" 등 시도 때도 없이 질문하지만 그런 관심 덕에 LP를 닦는 것과 턴테이블을 조심스럽게 다루는 방법을 손쉽게 익힐 수 있었다. 마냥 아이가 아닌 것이다.

요즘 성장이 빠른 아이들은 이때쯤 사춘기가 온다고도 한다. 나의 5학년 때를 생각해도 궁금한 것도 많았고, 생각하는 것도 많았던 것 같다. 궁금한 것 중에는 이성에 대한 것도 조금씩 생겨난 것 같다.

아이들이 자라는 모습을 지켜보면서 마음속에 새기고 있는 말이 있다. 지난 가을 어느 날 '아름다운 이 아침 김창완입니다'에서 DJ 김창완의 아침 인사가 내내 기억에 남는다.

"잘 익은 사과는 빨갛죠. 잘 익은 딸기도 빨갛고……. 잘 익은 포도는 차라리 검다고 하는 게 맞을 것 같아요.

어릴 땐 딸기도 사과도 복숭아도 살구도 심지어 벼 이삭도 다 연두색이죠. 과일이 다 익으면 잎을 떨구고 다 익었다는 표시로 이제 먹어도 된다는 표시로 색을 물들이는 자연의 지혜가 놀랍습니다.

잘 익은 가을은 눈 시린 하늘빛 잘 익은 어른은 무슨 색이 되어야 할까요?"

아이들도 처음엔 자기 색이 무엇인지 모른다. 무엇을 잘하는지, 무엇에 관심이 있는지……. 내 아이가 가진 예쁜 색을 찾아주는 것이 아빠가 할 일이라고 생각한다.

Part.02
아빠가 꼭 알아야 할 대화 전 준비

TV 없는 3개월,
좌충우돌 성공기

한가한 휴일 오후. 가족 모두가 한 곳을 바라보며 몇 시간씩 '멍 때리고' 있는 풍경은 익숙하다. 대화할 시간이 부족하다면서 정작 여유 있는 시간을 주면 대화보다 TV를 보며 울고 웃으며, 주인공으로 빙의돼 혼자 중얼거리기도 한다.

'2012년 방송 매체 이용 형태 조사'에 따르면 하루 평균 3시간 9분간 TV를 보는 것으로 나타났다.

이런 자료를 보면 대화할 시간이 부족하다는 말은 정말 핑계에 불과하다.

우리 가족이 TV를 치운 지 3개월이 지나고 있다. 아직은 성과에 대해 말하기 어려운 상황이지만 그동안 직접 경험한 것을 소개하려 한다.

1. TV 없애기

- **1단계 : 아이들 핑계를 대지 않는다**

TV를 없애기 3개월 전부터 사전 작업을 시작했다. 같은 곳을 바라보는 것은 같은 목표를 갖는 것이란 좋은 말도 있다. 하지만 TV를 바라보는 같은 시선은 입과 턱이 나오고, 허리가 구부정해지는 모습이, 옆에서 보면 흡사 네안데르탈인처럼 보일 것 같다. 자세도 자세지만 리모컨 쟁탈전과 채널 싸움이 치열하게 벌어지면 공권력과 심한 말들이 난무하기도 한다. 나는 그런 다툼이 싫었고, 그 시간을 책을 보는 데 활용했으면 하는 생각에 TV를 없애기로 마음먹고 명분 쌓기에 들어갔다.

내가 쓴 방법은 아이들에게 내 핑계를 대는 것이었다. 너희 때문에 그런 것이 아니라 아빠 때문에 없애야겠다고 말했다. 'TV 보다가 할 일을 못했다', 'TV를 너무 늦게까지 봐서 늦잠을 잤다', '채널 때문에 너희에게 화를 많이 내는 것 같다' 등 아빠 때문에 아이들까지 피해를 준다는 말을 전하며 서서히 사전 작업을 이어갔다.

절대 아이들을 핑계 대상으로 삼아서는 안 된다. '공부를 위해서', '책을 많이 읽게 하려고' 처럼 아이들에게 부담을 준다거나 공부와 연관 짓는다면 오히려 역효과가 날 수도 있다. 명분과 동의를 구하는 단계인 만큼 전자처럼 I-message를 사용해야지 후자처럼 아이 핑계를 대는 You-message를 사용하게 되면 변명과 책임을 회피하는 형태가 되기 때문에 동의를 구하기 어렵다.

• **2단계 : 점차 시간을 줄여가면서 대안 찾기**

금연에 성공하기 위해서는 단숨에 끊는 것이 좋다고 하지만 TV는 보는 시간을 차츰 줄여가는 것이 좋겠다는 생각을 했다. 그래서 뉴스, EBS 어린이 프로그램 등 일부만을 정해 놓고 보게 했다. 동시에 아이들이 좋아할 만한 또 다른 것들을 찾았다.

그래서 《마법 천자문》 시리즈를 모두 샀고, 작은아이는 바둑을 배우게 하고(큰아이도 학교에서 조금 배웠다), 큰아이는 예전부터 좋아했던 조립 완구로 방향을 잡았다. 특히 건담을 좋아하는데 조립의 정밀도와 크기 등을 조절하며 도전할 수 있어서 남자아이들에게 인기가 좋다. 어른인 나도 빠져들 만큼 매력이 있으니 아이와 해보면 좋겠다.

또한 TV를 보지 않는 시간에는 거실의 책장 앞에 주로 자리를 잡았다. 특히 아침에 타이머로 TV를 켜던 것을 라디오로 교체해서 자명종이 울리면 라디오를 켜서 뉴스와 음악을 들으며 시작했다. 아침이 바뀌면서 지각하는 비율도 점차 줄어드는 효과가 있었다. 이렇게 TV를 보는 시간을 줄이며 다른 놀이를 하나씩 해보면서 방법을 찾아갔다.

• **3단계 : TV를 없애는 시기를 협의한다**

1단계를 시작할 무렵 우리는 이사를 할 시기가 오고 있었다. 그래서 이사를 하면서 오래된 TV를 버리는 것으로 TV와 이별하는 시기를 정했다. 그리고 작은아이가 어려서 사용하지 못했던 턴테이블을 다시 설치해서 음악을 들려주기로 했다. CD가 아닌 LP로 음악을 듣는 것을 다소 생소하고 신기하게 느끼는 아이들의 호기심을 자극한 것이다. 그리고 LP, CD, MP3

등의 음질을 비교하면서 LP로 듣는 음악이 사람에게 가장 따뜻한 소리를 전달한다는 사실도 알려주었다.

어쨌든 내 경우에는 이사라는 좋은 기회가 있었지만 그렇지 않을 때에는 가족들이 시기를 정하기 위한 의견수렴 절차가 꼭 필요하다. 이 과정은 가족 모두의 약속이므로 아이들도 책임감을 갖게 된다. 물론 사전 작업을 통해 TV를 없애는 것에 대한 공감대가 충분히 형성된 후에 진행해야 한다.

2. 적응하기

가족들이 합의를 거치고 TV를 없애기까지 힘든 과정이었다. 그러나 이제부터 금단현상과의 진짜 싸움이 시작된다. TV가 없어진다는 막연한 상상에서 현실로 닥치면 많은 차이를 느끼게 된다. 금단현상과 그로 인한 변화를 몇 가지 정리해보면 다음과 같다.

• **금단현상**

또 다른 볼거리를 찾아 두리번거리기 시작한다. 며칠 동안은 책을 보거나 숙제를 하거나 음악을 듣는다. 그러나 한동안 습관처럼 집에 도착하면 으레 안방으로 간다. 그리곤 "아! TV가 없지" 하며 잠시 한숨을 쉬고 멍하게 서 있는 경우도 종종 발생했다.

그럴 때는 라디오를 많이 이용했다. 아침에 일어나서, 예전에 저녁 뉴스를 보던 시간 등에 뭔가 허전하다고 생각되면 라디오와 음악을 들려주었다. 아침 식사를 할 때 틀어놓은 라디오 방송에도 귀를 기울인다. 한 달이 지났을 때, 저녁 뉴스를 듣는데 첫째 아이가 "아빠, 볼 수 없으니까 들으면서 상상하게 돼요"라고 말했다. 아주 긍정적인 변화였다.

그리고 내가 일 때문에 또는 피곤해서 아이들과 놀아주지를 못할 때 아이들은 어찌할 바를 모른다. 컴퓨터를 보게 해 달라, 닌텐도를 달라, 스마트폰을 빌려 달라며 갖가지 요구를 한다. 간혹 바둑을 두거나, 마냥 뛰어다닌다. 집안에서 이리저리 소리 지르며 놀다가, 자기들끼리 싸우다가, 울다가 웃다가 정신없을 때가 많다.

처음엔 아이들이 다투는 소리와 작은아이의 우는 소리에 화가 났지만 참아야겠다는 생각에 화를 다스리며 녀석들이 하는 대화를 가만히 들어보니 자기들끼리 해결하는 것이 더 많았다. 점점 자기들끼리의 규칙을 만들어가는 것 같다.

● **음악 활용하기**

음악 좋아하는 사람이 소통 능력도 탁월하다는 연구 결과도 있고, 내가 음악을 좋아하고 또 전직이 라디오 PD와 DJ였기에 집에 CD나 LP가 여럿 있어서 활용한 방법이다. 턴테이블은 오랫동안 사용하지 않아서 몇 가지 수리를 해야 했다. 바늘은 세운상가에서 여러 개를 한꺼번에 샀다. 작은 실수에도 고장이 날 수 있기 때문에 미리 구입했다. 아이들은 LP에서 소리가 나는 것이 신기한 모양이었다.

7080시대 만화 주제가를 들려주었다. '로버트 태권 V', '짱가', '마루치 아라치', '전자인간 337' 등은 나도 오랜만에 들으니 새로웠다. 만화는 역시 세대를 통하는 길이었다. 또 영화나 드라마, CF에서 많이 들었던 음악을 CD와 LP로 들려주며 음악에 대한 설명도 조금씩 해주었다. 영화 '맘마

미아'를 본 후 ABBA, 마이클 잭슨, 휘트니 휴스턴, 음악 시리즈 등 그때그때 궁금한 것들이 생기면 음악을 찾아 들려주며 설명을 해주었다.

- **책 이용하기**

책을 많이 샀다. 물론 TV가 없어지기 전에도 거실을 책장으로 꾸며서 책이 있었지만 그 빈도가 조금 늘어났다. 처음에는 《마법 천자문》을 매일 보는 것이었다. 둘째 아이가 몇 권에 무슨 말이 있다는 것까지 기억하기 시작했다. 역시 만화책을 선호했다. 학습도서 중에도 만화책을 더 즐겨 본다. 이건 뭐라 할 수 없는 영역인 것 같다. 나도 좋아하니까.

책을 많이 보는 것이 좋다고 무조건 책을 권하면 역효과가 날 수 있다. 그래서 "책 읽어라" 하는 말보다는 그냥 아빠가 먼저 책 읽는 모습을 자주 보여주면 아이들이 "아빠 무슨 책 보세요?", "아빠 《Why》 사주세요" 등 책에 대한 반응이 나타나기 시작한다. 초등학교 5학년 권장도서 목록에 있는 책을 한꺼번에 주문하거나 아이들 책과 내가 볼 책을 조금씩 구입하기도 했다.

아이들 책을 구입할 때는 인터넷 서점이건 오프라인 서점이건 아이와 같이 고르거나 주문하는 내용을 보여주었다. 그랬더니 아이들도 택배 아저씨가 가져다주는 책을 기다리는 것이었다. 요즘은 가족의 전화나 초인종 소리보다 택배 아저씨의 전화와 방문을 더 기다린다는 말이 사실이었다.

적응 단계에서 주의할 점은 아이가 무엇을 하든, 멍 때리고 가만히 앉아 있든, 무엇을 할지 몰라 두리번거리든 추궁하거나 목소리를 높여서는 안 된다는 것이다. "지금 뭐 하니?"라고 묻지 말고 "오늘 할 일이 뭐가 있었지?"라며 생각할 수 있는 질문을 하며 그날의 일과를 체크하는 등의 우회적인 방법을 사용하는 것이 좋다. 4장부터 소개하는 다양한 대화법과 질문법을 활용하면 도움이 될 것이다.

3. 또 다른 것들의 등장

대화 시간을 늘리기 위해서는 TV만 없애면 되는 것이 아니었다. 이제는 스마트폰과 PC로 이동하는 현상도 심각하다. 실제로 TV를 보는 시간이 줄어드는데 반면 스마트폰과 태블릿 PC 등을 이용하는 시간은 점점 늘어나고 있다.

식당에서 같이 밥을 먹는 가족이나 직장 동료도 대화보다는 각자 스마트폰을 보는 경우가 많다. 어떤 뉴스에서는 아이들의 스마트폰 사용 실태를 알아보려고 초등학교 5학년 교실에 CCTV를 설치하고 관찰한 장면이 나왔다. 정말 심각한 문제가 아닐 수 없었다. 친구들끼리도 스마트폰이 없으면 말이 안 통할 정도로 사용이 확산되었고 아이들도 손에서 스마트폰을 놓지 않으려 했다.

'인간의 조건'이란 TV 프로그램에서 개그맨 여섯 명이 일주일 동안 휴대폰, TV, 인터넷 없이 살아가는 모습을 보여주었다. 모두 어떻게 살아갈지 막막하기만 했고, 엄청난 일이 벌어질 것만 같던 한 주가 지나고 난 후, 그들은 아날로그 감성을 되찾았다. 사람을 그리워하며 라디오를 들으며 즐기고 사람과 대화를 하려고 노력했다. 그리고 대화가 없어서 생겼던 오해도 풀리는 행복한 한 주를 보냈다. 또한 그들의 걱정과는 달리 전화, TV, 인터넷 없이도 별문제가 없었다.

이 부분은 아빠와 엄마가 먼저 보여주어야 더 효과가 있을 것이다. 아이들에게 TV를 보지 말라고 하고 스마트폰으로 몰래 보다 걸리기라도 하면 신뢰도가 떨어진다. 스마트폰이 생활 속으로 들어온 것도 불과 3~4년 밖에 되지 않았다. 그런데 우리는 손에서 이 녀석을 놓지 않고 살아가고 있다. 금단현상도 꽤 심각한 수준이다.

우리는 아직 아이에게 휴대전화기를 사주지 않았지만 정말 필요한 순간이 오면 통화 기능만 우수한 제품을 골라 사주려 한다. 그런데 이런 제품들은 상품성이 떨어져서인지 기업의 판매가 소극적이라 소비자가 선택할 수 있는 폭이 좁다는 점이 안타깝다.

4. 조금씩 변화를 감지하다

TV를 없애고 아이들이 조금씩 변하기 시작했다. 아이들은 자신들이 주문한 책이 도착하면 서로 상자를 뜯으려 한다. 예전에 방송국에서 근무할 때, 새로 나온 CD가 오면 매우 기뻐하던 생각이 났다.

가장 큰 변화는 식사 시간에 대화가 늘었다는 점이다. 물론 모든 대화의 품질이 좋다고는 할 수 없지만 다양한 소재가 등장했다. 예전엔 밥은 먹어도 눈은 TV에 가 있었는데 이제 서로 보며 식사를 한다.

컴퓨터로 '파워레인저'를 본다거나, 할아버지 댁이나 친척 집에 갔을 때 TV에 집중하는 것은 여전하다. 특히 집에 TV가 없으니 더 그런 것 같다. 하지만 시골 할아버지 댁에 가서 뭘 할지 생각하며 준비하는 모습이 이전과 다르다. 책이나 장난감을 챙기기도 한다. 아직은 서툴고 실천에 옮기지는 못하지만 이것도 긍정적인 변화가 아닐까 한다.

TV를 없애고 두 달이 조금 지났을 무렵, 규환이가 전화로 얘기를 하다가 갑자기 "아빠 책 읽는 것도 재미있네요" 하는 것이다. 그래서 "왜 그런 생각을 하게 됐어?"라고 물으니, "TV가 없어서 책을 봤는데 예전엔 재미없던 것도 재밌게 느껴지는 걸요" 하는 것이다.

하지만 아직 해결해야 할 것이 너무 많다. TV가 없어지면 '저절로 책으로 시선이 가겠지'라고 생각했는데 그렇지 않았다. 특히 날씨가 좋지 않은 날이면 집 밖으로 나가지 못해 무엇을 해야 좋을지 더욱 막막할 때가 많았다. 그래서 주말이면 영화관, 찜질방, 실내 놀이터 등 실내에서 재미를 찾을 수 있는 곳을 다녔다. 앞으로는 주변에 크고 작은 박물관과 전시회 등 금전적으로 부담되지 않는 범위 내에서 예전보다 더 많이 보여줄 계획이다. 역시 몸으로 아이들과 함께하는 활동이 많을수록 좋겠다는 생각이 든다.

PART 03

10분을 100분처럼 활용하는 노하우

아이가 고민이 있고, 물어보고 싶은 것이 있고, 함께 놀고 싶어할 때!
바로 그때의 10분은 100분보다 더 소중하고 귀한 시간이 된다.
'Just 10 Minutes 내 것이 되는 시간…….'
가수 이효리가 부른 '10 Minutes'의 일부다.
10분이면 충분하다. 아이와 절친이 되는 데 걸리는 시간은.

Part.03
10분을 100분처럼 활용하는 노하우

10분의 기적을
경험하자

　시험을 앞두고 놀다 보면 어느새 멀게만 느껴지던 날짜가 코앞으로 다가와 있다. 이때 귀를 쫑긋, 눈을 번쩍하게 만드는 문제집을 보게 된다. '수능 30일 완성', '운전면허 필기 1일 완성' 등 벼락치기를 위해 태어난 족집게 처방이다.
　그런데 안타깝게도 아이와의 대화는 짧은 시간에 완성할 수 있는 비법이 없다. 다만 아이와 함께할 수 있는 시간이 물리적으로 적은 아빠들을 위해 짧지만 그 소중한 시간을 잘 활용할 방법을 소개하고자 한다.
　학창시절 학교 앞의 분식점은 질보다는 양으로 우리를 유혹했다. 이제 성인이 되고 나니 양보다 질로 판단하게 된다. 건강을 위해 각종 '엑기스'를 복용하고, 체력을 위해 보양식으로 농축된 맛집을 찾게 된다. 아이들과의 대화도 이와 다르지 않다. 건성으로 놀아주는 아빠보다는 잠깐이라도 함께 하는 아빠를 더 좋아한다.
　2010년 KBS에서 방송된 '하루 10분의 기적'이란 프로그램이 있다. "시간이 없어서……"란 가장 흔한 변명을 아무 소용없이 만들어 버린 방송이다. 다양한 실험을 통해 하루 10분 학습법, 운동법, 휴식법 등을 소개하면서 작은 노력으로 누구나 10분의 기적을 누릴 수 있다고 한다.

10분은 누구에게나 주어지고 어떻게든 만들 수 있는 최소한의 시간이다. 또한 아이와 대화를 시작하는 아빠가 가장 집중력 있게 대화할 수 있는 '한계치'라고 생각한다. 그 한계치 10분을 얼마나 자주, 얼마나 집중력 있게 지속하느냐에 따라 결과는 너무나 달라진다.

==10분을 활용하는 중요한 포인트가 있다. 그것은 '아이가 원할 때 해주는 것'이다. 아빠가 놀아주고 싶을 때, 대화하고 싶을 때처럼 아빠의 기분과 시간에 맞춰 하는 것이 아니다. 아이가 원할 때 해주는 것이 가장 중요하다.== 아이가 고민이 있고, 물어보고 싶은 것이 있고, 함께 놀고 싶어할 때! 바로 그때의 10분은 100분보다 더 소중하고 귀한 시간이 된다.

'Just 10 Minutes 내 것이 되는 시간……'

가수 이효리가 부른 '10 Minutes'의 일부다. 10분이면 충분하다. 아이와 절친이 되는 데 걸리는 시간은.

Part.03
10분을 100분처럼 활용하는 노하우

10분을 어떻게
마련할 것인가?

"시간이 없어서……"

"매일 회식에, 야근에 피곤해서."

"주말엔 그나마 좀 쉬어야 일할 힘이 생기지~."

아빠들은 너무 바쁘고 점점 기력도 달린다. 근로 시간 외에도 사회 활동을 위해 한두 개 정도 취미나 동창 모임 등 활동도 다양하다. 자연스럽게 집에 들어가는 시간은 늦어지고 가족과 함께하는 시간도 줄어들 수밖에 없다. 참으로 안타까운 아빠들의 현실이다.

그런데 정말 그렇게 바쁜가? 매일 아이들과 하루 10분, 아니 1주일에 3~4번이라도 10분 정도 시간을 낼 수 없을 만큼 바쁘다고 자신 있게 말할 수 있을까? 아빠들이여, 가슴에 손을 얹고 생각해보자.

개그콘서트에 '막말자'란 코너가 있었다. 남자의 심리를 폭로해서 공감을 얻는 코너였는데, 어쩌면 나는 아빠들의 평계를 폭로하는 것이 아닐까 싶다. 폭로라고 해도 좋고, 고자질이라고 해도 좋다. 내가 만나본 아빠들은 많은 경우 아이들에게 바쁘다는 핑계를 대고 있었기 때문이다. 핑계는 그만, 10분을 만드는 방법은 무엇일까?

우선 TV와 멀어지자.

우리 집에서 TV를 없앤 뒤 일어난 가장 큰 변화는 시간에 여유가 생겼다는 것이다. TV가 있어서 남자들이 집에서 주로 보는 것은 뉴스와 국가대표 축구와 야구 등 몇몇 관심이 있는 경기 그리고 아주 특별한 드라마 외에는 그리 많지 않을 것이다. 리모컨을 계속 손으로 만지작거리며 채널을 돌리는 것은 먹이를 찾아 헤매는 하이에나와 다르지 않다.

TV를 조금만 멀리하자. 그러면 아빠들의 건강에도 도움이 된다. 그리고 생식력이 향상된다. 영국 의학저널에 실린 하버드대학교 연구에 따르면 일주일에 20시간이나 그 이상 텔레비전을 보는 남성들은 정자 수가 44% 줄었다고 한다. 그러나 TV를 끄고 움직이면 즉시 회복되었다고 한다. 또 수명도 길어지고, 심장 건강도 좋아진다고 한다. 무엇보다 아이와 대화할 수 있는 시간이 10분보다 몇 배는 더 생길 수 있으니 제발 TV를 멀리하자.

두 번째, 집으로 퇴근하자.

아빠들은 '칼퇴근'을 원하고 퇴근 시간을 기다리면서도 집으로 가지 않고, 다른 곳으로 새는 경우가 종종 있다. 그리고 믿을만한 사람의 이름을 팔며 소설가의 숨겨진 끼를 발휘하여 알리바이를 만든다. 그렇지 않아도 야근까지 해야 하는 공식적인 업무가 많은데 이런 것까지 추가한다면 아빠는 하숙생으로 전락하고 만다.

세 번째, 회식은 2차에서 브레이크를 밟자.

요즘 '119 캠페인'을 벌이는 회사들이 많아지고 있다. '한 가지 술로, 1차만 하고, 9시에 귀가하자'는 것이다. 직장에서 받는 스트레스가 어떤 것인지 직장생활을 하는 사람들은 모두 알고 있다. 그 스트레스를 푸는 방법으로 인사불성 될 때까지 술을 먹기도 한다. 그렇게라도 풀어야 또 버틸 수 있는 게 직장 생활이다.

그런데 너무 자주 하는 것이 문제다. 그리고 술만 먹으면 2차, 3차로 이어지는데 그러면서 술값도 만만치 않게 지출한다. 기분 푼다고 계속 달려 봐야 주머니 비는 일만 생겨날 것이다. 비상금이 있으면 다행이지만 그렇지 않으면 머리를 굴려 꼼수를 부려야 하는 처절한 상황을 맞는 것이 어디 나쁘이겠는가?

<u>잊지 말아야 할 것은, 지금 이 순간이 아이와 함께할 수 있는 유일한 시간이라는 점이다.</u> 아이들은 하루가 다르게 성장하고 감성도 풍부해진다. <u>인생은 생방송이다.</u> 아이들이 조금 더 커서 중학생이 되면 아빠들이 놀자고 해도 놀 시간도 없이 바빠지고 친구와 노는 것을 더 좋아한다. 아빠보다 친구와 말이 통하니까. 지금 아이들과 함께하는 10분의 짧은 시간을 반복적으로 만든다면 아빠와 아이는 말이 잘 통하고 마음이 통하는 사이가 될 것이다.

Part.03
10분을 100분처럼 활용하는 노하우

장소와 시간 선택이
대화 성공의 첫걸음

낯선 곳에 갔을 때 익숙하지 않은 분위기와 편안하지 않은 어색함을 먼저 느낀다. 그 후 점차 주변에 놓인 물건과 바깥 풍경, 소리, 냄새 등 오감을 동원해 그곳의 분위기를 파악한다. 그리고 다시 찾아올 곳인지, 아니면 다시 오고 싶지 않은 곳인지를 판단한다. 누구든 낯선 곳보다는 편안한 곳을 더 선호하는데 아빠들의 단골집이 그래서 생긴다.

아이와 함께 시간을 보낼 때도 낯선 곳보다는 익숙하고 아이가 편안함을 느끼는 장소부터 시작하는 것이 좋다. 집안보다는 밖이 더 좋다. 아빠와 대화도 익숙하지 않은데 장소마저 낯설다면 어색한 분위기만 흐를 뿐이다. 대화의 시작도 공통분모를 가진 주제부터 선택하는 것이 좋다.

예를 들어, 놀이터로 가는 길이라면 "○○야, 네가 어렸을 때 제일 좋아했던 게 그네였어. 아빠 보고 뒤에서 계속 밀어달라고 했어. 지금도 좋아하니?", "아빠, 기억나요!", "그래~ 기억력이 좋구나" 하며 이야기를 이어간다면 조금씩 어색한 것도 없어지고, 금세 분위기가 편안해진다. 아이보다 아빠들이 더 어색해하고 뭘 할지 몰라 안절부절못하는 경우가 더 많다. 그러다 보니 놀이터에서 아이는 놀고 아빠는 스마트폰을 만지작거리며 시간을 보내는 모습을 자주 볼 수 있다. 대화는 둘이 하는 것이다. 아이가 놀이터에서 혼자 잘 논다고 해서 아빠가 다른 일을 하는 것은 전혀 바람직하지 않다.

비가 오던 어느 날, 둘째 아이 윤환이와 실내 놀이터에 간 적이 있다. 아이가 놀고 있고 나는 스마트폰으로 음악을 들으며 책을 보고 있는데 윤환이가 와서 "아빠랑 같이 놀고 싶어요"라고 했다. 그래서 주변을 보니 몇몇 아빠들이 아이들과 같이 노는 것이었다. 윤환이는 아빠랑 노는 아이가 부러웠던 것이다.

나는 모든 것을 가방에 넣고 소프트볼을 던지며 함께 놀아주었다. 그러자 윤환이가 엄지손가락을 세우고 웃었다. '아이랑 함께하는 것이 이런 거구나' 하며 다시 생각하게 되었다. '놀이터 토크'는 같이 놀아주는, 몸으로 하는 대화여야 한다.

아이의 속마음을 듣고자 한다면 잠자리를 택하는 것이 좋다. 잠자리 토크는 한이불을 덮는다는 것과 아늑하고 편안한 아이 방에서 둘만이 나누는 대화라는 점이 특징이다. 이것도 시작을 어떻게 하는가에 따라 효과에도 차이가 있다. 타이르거나 지적하고 고칠 점을 말하고자 한다면 적합하지 않다. 아이의 속마음을 알고 나면 왜 그런 행동을 했는지 알게 된다. 그러면 아이도 자신의 행동에 대해 다시 생각하게 되므로 판단을 아이에게 맡기고 질문과 경청의 자세를 유지하는 것이 바람직하다.

"아까 동생을 아프게 한 게 미워서 그런 거야?"
"아니요, 자꾸 귀찮게 해서 그랬어요."

"그렇구나, 좀 귀찮기도 하겠네. 그런데 동생이 힘이 약하니까 네 힘이 더 세게 느껴질 수도 있지 않을까?"

위와 같이 말하며 우회적인 방법으로 이해를 시키면 아이는 스스로 판단하고 자기가 한 행동에 더 책임감을 느낀다.

내가 사는 평촌에는 도심의 하천을 잘 정비해서 봄이 되면 새싹이 돋아나는 모습을 보며 아이들과 산책하기에 매우 좋다. 그래서 아이들에게 주변에서 흔히 볼 수 있는 개나리와 목련을 보며 잎보다 꽃이 먼저 피는 나무를 설명해주기도 하고, 연두색의 새싹이 며칠 지나면 짙은 초록색으로 변하는 것을 보여주기도 했다. 유치원이나 초등학교 입학 때쯤에는 직접 겨울눈을 만져보게 했다. 눈은 부드러워서 아이들이 만지고 놀기에 좋다.

주변을 살펴보며 변하는 모습과 그날의 일과를 아빠도 얘기하고 아이도 얘기하며 가볍게 정리하는 대화가 좋다. 그러다 밤 공기가 차가워지면 어느 포장마차나 편의점에 들러 따끈한 어묵이라도 먹으면 분위기가 더없이 좋아진다.

아이가 어느 정도 성장하면 아빠와 같은 취미를 만드는 것도 좋다. 아빠 혼자 즐겼던 취미를 함께 하는 것이다. 물론 아이가 좋아하는 활동이어야 효과가 좋다. 내 경우에는 함께 인라인 동호회에 가입해서 주중에 두 번은 땀 흘리며 인라인을 탔다.

연애 시절을 되돌아보면, 연인에게 고백하려고 분위기 좋은 곳을 찾았던 기억, 가끔은 음침한 곳을 찾아가기도 하고, 재미있게 즐길 수 있는 곳을 찾기도 하지 않았던가? 사람들은 분위기에 따라 감정에 많은 변화를 느낀다. 편안한 대화의 시작은 장소 선택에서 시작된다.

Part.03
10분을 100분처럼 활용하는 노하우

퇴근 시간을 활용해
대화 소재를 찾아라

30, 40대 남자들은 친목모임, 동호회 등 많은 모임에 가입하고 또 임원으로 활발한 사회활동을 하는 시기라고 할 수 있다. 그런 모임과 회식자리를 갖다 보면 한마디씩 발언할 기회가 주어지기 마련이다. 특히 회식자리에서는 갑자기 건배 제의를 요청받을 때 어떤 말을 해야 좋을지 당황하는 경우를 흔히 볼 수 있어서 '즉석 스피치'에 대한 요령과 대처 방법에 대한 조언들도 인기가 많다.

그러나 정확히 따져보면 말 그대로 '즉석 스피치'는 그리 많지 않다. 가령 동호회에서 언제쯤 회식을 할 것이라고 공지를 한다. 경험에 비추어볼 때 회식자리의 분위기와 진행 상황을 알 수 있어서 한두 마디씩은 미리 준비할 수 있다. 부득이 준비하지 못했더라도 단 2~3분만 활용하면 간단한 스피치의 내용이나 건배사 정도는 충분히 준비할 수 있다.

아이와의 대화도 마찬가지다. 무슨 얘기를 할 것인지 조금만 생각해보자. 퇴근길 버스나 지하철 같은 대중교통을 이용한다면 더 생각하기 쉽지

않을까? 계절마다 변하는 거리 풍경, 무슨 무슨 '데이', 갑자기 내린 첫눈, 아이들이 가장 좋아하는 연말의 크리스마스 분위기, 신문이나 책에서 본 재미있는 이야기 등 주위를 둘러보면 모든 것이 이야깃거리다.

시간을 내기 어렵다는 것보다는 일과를 마친 후 피곤하고, 힘들고, 지친 몸 상태가 문제일 것이다. 그러나 길지 않은 아주 조금의 시간만 투자하면 집에서 얘기할 수 있는 소재를 몇 가지는 준비할 수 있을 것이다.

대화의 소재를 준비하는 것은 퇴근 시간을 활용해보자. 굳이 준비라고 할 것도 없이 사랑스러운 나의 아이를 먼저 떠올리면 된다. 생각난 것을 잘 기억하면 좋지만 그렇지 못하였으면 메모를 해둔다.

나는 두 가지 도구를 활용해 메모하는데 하나는 여전히 수첩이고, 하나는 스마트폰이다. 스마트폰의 보급률이 갈수록 높아지고 있고 일반 휴대전화를 찾는 것이 오히려 힘든 시대다. 출퇴근길에 대중교통을 이용하는 사람들을 보면 대부분이 손에 스마트폰을 들고 TV를 보거나 포털사이트의 뉴스를 검색한다. 이 방법은 TV를 보는 것보다 라디오를 듣는 것도 이야깃거리를 더 만드는 방법이 될 수 있다. 작고 사소하고 쉬운 이야깃거리를 찾아보는 것만으로도 아이와 대화할 준비는 상당히 한 셈이다.

대학 1학년 때 배우는 과목은 주로 개론이 많다. 경영학 개론, 경제학 개론, 화학 원론 등 기초가 되는 것들이 대부분이다. 이후 전공으로 들어가면 경영학 중에서도 조직 관리, 협상 이론, 원가 관리 등 각론으로 들어가게 된다. 아이에게 필요한 것은 각론을 준비하는 것이다. 그래야 아빠가 자신을 이해하고 관심도 많다는 것을 느끼게 될 것이다.

Part.03
10분을 100분처럼 활용하는 노하우

아이와 같이 먹는
한 끼 식사의 힘

　신문기사를 보면 연예인 또는 스포츠 스타들이 소속사와 구단을 옮기게 되면 옮긴 곳의 유명한 스타의 이름과 함께 '한솥밥을 먹게 됐다'는 글을 보게 된다.
　'한솥밥을 먹는다'라는 것은 말 그대로 '식구'를 의미한다. 가족을 얘기할 때 "너희 식구는 몇 명이야?"라고 묻는다. 그런데 말 그대로 "너희 식구는 몇 명이야?"라고 물으면 어떻게 대답해야 좋을까? 가족들이 같이 식사는 하는 것일까? '한솥밥'은 맞을 수 있는데, 같이 먹기보다는 따로 먹는다는 표현이 더 어울리는 요즘이다.
　가족이 모여 아침을 같이 먹는 가정이 얼마나 될까? 서둘러 출근하는 아빠, 맞벌이라면 엄마도 밥은 먹지도 못하고 아이들을 학교로 유치원으로 늦지 않게 보내기 위해 전쟁을 치르게 된다. 아이가 고등학교에 가면 0교시 수업 때문에 아이들의 아침은 잠과 바꿔야 한다.
　저녁은 또 어떤가? 아빠의 늦은 퇴근이나 야근, 아이들의 학원행으로 가족이 모이기는 점점 어렵고 어린아이들은 '김밥천국'과 '분식나라'에서 '또 하나의 가족'을 만들고 있다.

미국 최초의 흑인 대통령 오바마가 백악관에 입성한 후 가장 누리고 싶은 일로 가족 식사를 꼽았다고 한다. 오랜 선거 기간 동안 두 딸과 가족 식사를 함께하지 못했기 때문이었다. 그는 가족들과 저녁 식사를 함께하기 위해 잠시 집무실을 떠났다가 새벽까지 일정을 소화한다고 한다. 아빠와 함께 가족이 모두 밥을 먹는다는 것이 이처럼 소중한 일이다. 특히 아이들의 행복한 성장을 위해 아빠와 함께하는 시간은 정말 중요하기에 함께 밥을 먹는 최소한의 시간이라도 챙겨야 할 일이다.

2011년 취업포털 인크루트가 직장인 311명을 대상으로 '가족 식사'에 대한 설문조사를 한 결과 일주일에 평균 3회 정도 가족과 함께 식사하는 것으로 조사됐다. '1~3회'(47.9%), '4~6회'(24.1%), '7회 이상'(14.5%) 순이었고 '거의 못한다'(13.5%)는 이들도 적지 않았다.

가족 식사와 관련된 KBS 뉴스에서 서울대학교 학부모정책센터 이현아 교수는 "아이들이 정서적으로 안정감을 느끼게 되고 예의 바른 아이가 되며, 신체적으로도 건강해지고 가족 모두가 행복해진다"며 가족 식사의 중요성을 강조했다.

케네디가의 유명한 '토론 식사'를 바라는 것도 아니다. 밥상머리

한국인 가족 식사 얼마나 하나
- 일주일간 5회 미만 41.9%
  (전체평균 5.3회)
- 같이 식사 못하는 이유
  서로 시간이 맞지 않아서 97.7%
- 식사에 주로 빠지는 사람은
  아빠 67.9%
  자녀 24.4%
- 지금보다 식사횟수 늘려야 54.7%
- "내가 어릴 때보다 가족식사 시간 줄어"
  부모의 54.5%

자료 : 한국갤럽 조사(동화약품 의뢰), 서울·수도권 학부모 800명 및 중·고생 200명 대상, 2012년 10월

에서는 아이를 혼내지 않고, 꾸짖을 일이 있어도 식사 시간 이후로 미룬다는 유대인의 식사 규칙만 지켜도 좋을 것 같다.

무슨 이야기를 하는가도 중요하다.

> **밥상머리 교육 이렇게 하세요**
> - 식사 시간을 미리 정해 둔다.
> - 식사 준비와 정리를 온 가족이 함께한다.
> - TV를 끄고 전화는 나중에 한다.
> - 대화를 할 수 있도록 천천히 먹는다.
> - 대화를 통해 일과를 나눈다.
> - '어떻게 하면 좋을까' 처럼 열린 질문을 던진다.
> - 공감과 칭찬을 많이 한다.
> - 아이의 말을 중간에 끊지 말고 끝까지 듣는다.
>
> 자료 : 서울대 학부모정책연구센터 '밥상머리교육 매뉴얼'

앞선 인크루트의 조사를 보면, 밥상머리에서 화제가 되는 이야기로는 '가벼운 일상 이야기'(79.6%)가 첫 손으로 꼽혔다. 이어서 '가정사'(34.6%), '회사, 업무 이야기'(23.0%), 'TV 프로그램 관련 이야기'(11.5%), '고민 상담'(6.3%), '정치 이야기'(3.0%), 기타(3.0%) 등의 순서였다.

아이들이 가장 싫어하는 질문은 무엇일까? 공부와 성적 그리고 엄친아의 얘기 아닐까? 이런 주제는 애초에 건드리지 않는 게 좋다. 성적 얘기를 꺼내서 화기애애한 가족이 대한민국에 과연 얼마나 될까? 이건 아니다 싶다.

아빠들도 명절 때 친척들과 오랜만에 만난 자리에서 연봉, 직위 등을 물어오면 기분이 좋지 않다. 아이들도 마찬가지다. 아이들의 일상, 관심사 등 밥상머리를 즐겁게 만드는 대화를 한다면 짧은 시간으로 최고의 효율성을 만들어 낼 수 있을 것이다. 밥만 같이 먹어도 언어능력뿐만 아니라 아이들의 인생이 바뀐다고 하는데 안 할 이유가 없다.

Part.03
10분을 100분처럼 활용하는 노하우

주말에는
아날로그식으로 놀기

주말을 잘 활용하면 한 주가 평온할 수 있다. 평일에 피곤한 몸과 정신으로 아이와 대화한다는 것은 결코 쉬운 일이 아니다. 더군다나 무차별적으로 질문하는 아이에게 짜증 내지 않으면서 대화를 한다는 것은 환웅의 자손으로도 해결되지 않는 인내가 필요한 부분이다. 누구의 방해도 받지 않고 쉬고 싶은 주말이지만 시간을 어떻게 안배하고 활용하는가에 따라서 두 마리 토끼를 다 잡을 수 있다.

우선 집안과 밖을 이용하는 두 가지 방법으로 나눌 수 있는데 되도록 밖을 이용하는 것을 권하고 싶다. 물론 날씨와 같은 환경적인 영향으로 밖에서 아이와 함께할 수 없는 일이 생기겠지만 집안에서 하는 것과는 아이들이 체감하는 친밀도에서 차이가 생긴다. 밖에서 함께 하는 것은 몸을 움직이고 오감을 동원해야 하는 것들이 많다. 아빠와 함께하는 신체 활동은 창의력을 배가시키고, 정서적으로 안정을 준다.

밖이라고 해서 멀리 이동하거나 특별한 장소를 떠올리지 말고 주변에서 할 수 있는 것을 찾아보자. 아파트 단지마다 놀이터가 있다. 그 놀이터에서 함께 노는 것, 학교 운동장에서 공을 차는 것, 가까운 산을 찾아 맑은 공기와 초록의 숲을 보는 것 등 집 밖은 대화에 필요한 소재를 무궁무진하게 제공하는 것은 물론 그곳에서 대화도 자연스럽게 할 수 있다.

놀이터에서 시소를 타면서 균형 감각과 원리를 알려주고, See · Saw와 같은 간단한 영어도 가르쳐줄 수 있다. 함께하는 모든 활동에서 아이들은 끊임없이 질문할 것이다. 간단히 가르쳐줄 수 있는 것도 있고, 나중에 함께 알아보자고 해서 아이가 궁금한 것을 찾아가는 방법을 배울 수도 있다.

이렇게 신체적 활동을 하고 집에 들어오면 아빠가 이제 좀 쉬고 싶다고 얘기하면 아이들도 "그렇게 하세요~"라고 말하며 배려(?)해 줄 때가 많았다. 주말을 이용한 야외 활동은 대화 소재, 아이가 좋아하는 것, 아이가 필요한 것 등 아이에 대한 많은 정보를 얻을 수 있는 더없이 좋은 것이다.

집안에서 하는 아날로그적인 게임도 좋다.

둘째 윤환이가 바둑을 배우고 나서는 수시로 바둑을 두자고 한다. 형은 봐주는 것이 없어서 나를 상대로 자주 바둑을 두자고 도전을 한다. 사실 난 바둑을 모른다. 그래서 윤환이가 선생님이기도 하다.

어느 날인가는 '양단수'를 가르쳐주겠다고 해서 배우기도 했는데 조금은 자존심 상하기도 했지만 아이가 나에게 무언가를 가르쳐주려고 할 때면 눈빛이 달라지고 더 신 나게 하는 것 같아서 앞으로 바둑을 다른 사람에게 배우지 않고 윤환이를 계속 바둑 선생님으로 모실 생각이다.

첫째 규환이는 4학년 이후부터는 음악에 관심이 많아서 K-POP, ABBA,

마이클 잭슨, 영화·드라마 OST 등 음악을 들려주면서 하나씩 설명해주면 상당히 좋아한다. 특히 LP판을 틀어주면 더 주의를 기울여 듣는다. 아날로그가 주는 감성을 아이들도 느끼는 듯하다.

중요한 것은 지치고 힘들어서 쉬고 싶은 주말이지만 함께할 수 있는 놀이나 활동을 선택하고, 놀 때 확실히 놀아주는 것이다. 그리고 디지털보다는 아날로그적인 방법을 택했으면 좋겠다. 아날로그는 감성과 여운을 남기고 혼자가 아닌 함께 해야 더 좋기 때문이다.

Part.03
10분을 100분처럼 활용하는 노하우

자투리 시간에
아이에게 전화하기

"달 밝은 밤에 그대는 누구를 생각하세요.
잠이 들면 그대는 무슨 꿈 꾸시나요.
하루 중에서 내 생각 얼마만큼 많이 하나요.
내가 정말 그대의 마음에 드시나요.
참새처럼 떠들어도 여전히 귀여운가요.
바쁠 때 전화해도 내 목소리 반갑나요."

이선희의 노래 '알고 싶어요'의 일부분이다. 대학 시절 술을 먹고 친구들과 가~~끔(?) 아주 가~~~끔 클럽에 가곤 했다. 그때 클럽에서 블루스 타임에 자주 흘러나오던 노래가 바로 이 곡이다. 이 노래가 흐르면 그 노랫말에 빠져 춤보다는 노래를 따라 불렀던 기억이 난다.

연애하던 시절의 감성을 생각하면 누구나 이 노랫말에 공감하지 않을까? 그런데 지금은 어떤가?

"………."

대답하기 곤란하다. 과연 업무 시간에 가족에게 전화가 왔을 때 고객처럼 응대하는 사람이 얼마나 될까? 더군다나 바쁠 때 전화가 오면 아내는 물론 아이에게 짜증을 안 내는 것만도 다행일 것이다.

"어~~~, 왜?"

"그래! 알아서 해."

"어, 바빠."

"바쁘니까, 빨리 요점만 말해."

"그래, 아빠가 바쁘니까 엄마한테 전화해라."

언제 아이가 아빠에게 전화하고 싶을까? 전화해서 말하고 싶은 진짜 용건은 무얼까? 청소년이라면 용돈이라든가 어떤 요구사항이 있겠지만 아이가 아빠에게 전화할 때는 과연 어떤 때일까? 이런 질문을 스스로 해본 아빠가 얼마나 될까? 글쎄 거의 없을 것 같다. 업무상 하는 전화를 제외하고, 전화하고 싶은 상대를 찾기란 쉽지 않다.

==아빠들은 친해지고 싶은 사람에게 전화한다. 자랑하고 싶은 것이 있으면 친한 사람에게 전화한다. 고민이 있으면 마음을 얘기할 수 있는 가까운 사람에게 전화한다. 아이들도 비슷하지 않을까?==

아이들도 아빠와 친해지고 싶고, 아빠에게 자랑하고 싶고, 아빠에게 고민을 털어놓고 싶고, 무언가 말하고 싶은 것이 있기 때문에 전화할 것이다.

아빠와 나눈 짧은 통화를 하는 그 순간에 아이는 아빠의 말에 상처를 받기도 하고, 따뜻함을 느낄 수도 있을 것이다.

바쁘지만 그 짧은 시간, 중요한 고객으로부터 갑자기 전화가 왔다고 생각할 수는 없을까? 우리 삶에서 진짜 중요한 고객은 누굴까? 나는 '가족'이라고 말하고 싶다.

아내의 뱃속에서 얼굴도 보지 못한 아이에게도 우리는 말을 걸었다.

"내가 네 아빠야."

"빨리 얼굴 보고 싶다. 나오면 아빠가 정말 잘해줄게."

"어라, 요놈이 발길질을 하네."

아이가 태어나기 전에는 주변에서 뭐라고 하든지 아내의 배를 보며 혼자서 많이도 떠들었었다. 그런데 정작 얼굴을 보고 있는 아이에게 아빠들은 배신한 셈이다.

책상에 놓인 가족사진 속의 아이를 보며 아이와 통화해보자. 바쁘면 조금 후에 아빠가 다시 전화한다고 말하면 될 것이다. 먼저 전화하면 더 좋지 않을까? 아이와 짧은 전화로 더 친해지자.

> **Tip** **아이와 전화 통화를 효과적으로 하려면**
>
> - 술 먹고 전화하지 말고, 맑은 정신일 때 전화한다.
> - 바쁠 때 전화 오면, "○○야, 아빠가 지금 바빠서 10분 후에 전화하자. 미안"이라고 말한다. 휴대폰이라면 자동 메시지 중 택일해서 보내도 좋다.
> - 마음에 여유가 있으면, "어~ 우리 딸(아들)이 전화해주니 반갑네!"라고 말해주자.
> - 점심시간이나 자투리 시간을 이용해서 아이에게 먼저 전화를 해보자. 아이의 반가운 목소리와 함께 동료에게 '가정적인 아빠' 라는 말을 듣지 않을까!

Part.03
10분을 100분처럼 활용하는 노하우

대화보다 더 좋은
몸놀이 10분

요즘에 아이를 셋 이상 낳으면 '부의 상징'이라고 하고, '나라에 충성' 하는 것이라는 말도 있다. 2012년 우리나라 출산율은 1.3명으로 OECD 회원국 중 최하위권 수준이다. 최근에 조금 높아지는 추세라지만 여전히 세계 최저 수준이다. 한 집에 아이가 하나 또는 둘 정도라는 것이다. 육아에 대한 부담이 큰 탓이다.

아이가 태어나 성장기까지 드는 비용은 상상을 초월한다. 아이 1명을 대학까지 졸업시키는 데 무려 2억 7,500만 원이 든다는 조사 결과가 있다. 아이를 키우는 데 소요되는 경제적인 부담과 여성의 직장 생활에도 많은 영향을 미치기 때문이다.

아이가 부모와 함께해야 좋다는 것을 모르는 것이 아니다. 부모와 함께할 수 있는 시간이 많으면 많을수록 더 건강하다는 것을 알지만 현실이 쉽지 않다.

우리 세대만 하더라도 한 집에 서너 명의 형제, 자매가 있었다. 나도 누나들과 동생까지 4남매로 자랐다. 그리고 주변에 친구들도 많아 노는 것이 문제가 될 것이 없었고 오히려 너무 놀아서 저녁때가 되면 엄마들이 대문 밖에서 아이 이름을 부르며 그만 놀고 밥 먹으라고 하는 것이 저녁 풍경이었다.

그런데 요즘은 동네 놀이터에도 아이들이 흔하지 않다. 놀고 싶어도 함께 놀 아이들이 없어서 시간을 정해 놓고 놀아주는 학원까지 등장하는 실정이다. 맞벌이에, 함께 놀 아이들도 없으니 아이를 키우는 데 점점 더 다른 사람의 손이 필요한 것이다.

육아를 여성에게만 맡기는 시대는 지났다. 아빠들이 적극 육아에 참여하는 것이 대세가 되었다. 또 아빠의 역할이 아이들에게 미치는 영향도 크기 때문에 아빠가 많이 참여해야 한다.

우선 엄마보다 더 잘할 수 있는 것이 몸으로 놀아주는 것이다. 놀아준다는 생각을 하지 말고 '같이 논다'는 생각으로 임해야 훨씬 적극적으로 아이와 함께할 수 있다. 시간적인 문제로 주말을 이용하는 것도 좋지만 평일에도 짧게 놀아주는 것 또한 그리 어려운 일이 아니다.

특히 아이가 어릴수록 몸으로 노는 것이 두뇌 발달과 친밀도를 높이는 데 아주 좋다. 날씨가 좋다면 저녁에 놀이터에서 모래 장난도 하고 미끄럼틀, 그네, 시소를 이용해서 노는 것도 좋고 아빠가 어릴 적에 놀았던 놀이를 함께 해보는 것도 좋다. '술래잡기, 고무줄놀이, 말뚝박기, 망 까기, 말타기~ 놀다 보면 하루는 너무나 짧아'라는 노래처럼 함께 할 수 있는 놀이를 찾아보는 것도 좋다.

납작한 돌로 하는 비석치기를 해본 적이 있는데 요즘도 아이들이 하는 것 같다. "아빠 어릴 때도 했어요?"하며 놀라워했던 기억이 난다.

 잘하고 못하는 것은 중요치 않다. 아이의 얼굴이 맑게 웃는 것이 최고의 목표라고 생각하면 좋겠다. 요즘엔 뭐든지 엘리트화하려는 것이 문제라고 생각한다. 축구를 못하면 축구 학원으로, 인라인을 타려면 역시 강사를 통해 배우고, 장비도 선수 수준으로 준비하는 데 이것이 경제적 부담을 가중시키는 요인이라고 생각한다.

 놀이는 놀이일 뿐이다. 옷에 흙이 묻어도, 얼굴이 땀에 젖어도 아이가 노는 것에 문제가 없으면 나중에 빨면 되는 것이다.

 집에서 짧은 시간이라도 놀 수 있는 것이 많다. 아이가 '파워레인저' 시리즈와 '유캔도'에 빠졌을 때는 매일 저녁 내가 악당이 되어 12번씩 죽음(?)을 맞기도 했었다. 소꿉놀이를 할 때는 통닭과 바나나, 딸기 등을 접시에 담아 와서 몇 접시씩 한입에 털어 넣고 "참 맛있네요", "요리를 아주 잘하네요"라며 아이를 칭찬하기도 했었다. 가끔은 유치원에서 배운 율동을 나에게 가르쳐주기도 했었다.

 아빠는 시간만 준비하면 된다. 피곤할 경우나 시간적 여유가 없다면 아이와 놀기 전에 시간을 정하면 된다. 내가 쓴 방법으로는 "10분만 같이 놀고 아빠가 할 일이 있는데, 어때요?"처럼 미리 시간을 정해 두는 것도 좋고, "오늘은 아빠와 10번 칼싸움하자"라며 횟수를 정해두는 것이었는데 간혹 더 놀아주면 안 되느냐고 협상이 들어오기도 했지만 꽤 좋은 방법이었다.

 어떤 놀이를 해야 하는지 고민할 것이 없다. 아이들은 아빠와 함께한다는 것만으로도 좋은 친구가 생긴 것이다. 아빠는 조금의 시간만 내면 된다.

Part.03
10분을 100분처럼 활용하는 노하우

대화가 어려우면
동화책을 읽어라

　대화라는 것이 그냥 '시~작!' 하면 이야기가 샘솟듯이 나오면 얼마나 좋을까! 가뜩이나 말이 없는 우리나라 아빠들은 대화를 한다는 생각만 해도 무슨 말부터 해야 할지 모르겠는데 하루에 10분씩 짬을 내서 아이와 대화를 하라니 참 막막할 노릇이다. 우리나라 아빠들은 집에 와서 딱 세 마디 하는데 대화가 될 리가 없다. 그렇다고 모처럼 시간적 여유가 생겼는데 그냥 TV 보며 '멍' 때리면서 서로 얼굴은 보지 않고 TV를 보며 웃는 것도 좋지 않다는데 뭘 하면 좋을까.

　이럴 때는 책 읽어주기를 시도하자. 아이가 초등학교 고학년이라서 안 된다는 생각을 접어두자. 아이가 어릴 적에 책을 많이 안 읽어준 부모일수록 아이가 컸다고 핑계 댈 가능성이 높다. 책 읽는 것이 서툴다면 학년에 상관없이 읽어주면서 책에 재미를 갖게 하는 것도 좋은 방법이다.

　책을 읽어주는 것은 재미있는 이야기를 아이에게 전해줄 뿐만 아니라 아이의 생각과 상상력을 높일 수 있는 대화의 소재로 활용할 수가 있다.

동화책 《신데렐라》를 읽어주었다면 책에서 《콩쥐팥쥐》와 비교하며 이야기를 만들 수도 있다.

아이들과 하는 게임 중에 '이야기 이어서 만들기'라는 것이 있다. 어떠한 이야기도 가능하다. 예를 들면, 《신데렐라》 중에 "밤 12시가 되면서 모든 것이 변했어"라고 아빠가 말하면 아이는 그 내용을 받아서 "백마 탄 왕자가 나타나서 신데렐라를 태우고 갔어요." 하고, 또 "집으로 오는 길에 마녀를 만나서 사과를 먹었어"라고 하며 이야기를 이어가는 것이다. 아빠와 아이가 알고 있는 이야기가 총출동하게 된다.

TV에서도 아이들끼리 이 게임을 하는 것을 봤는데 끝도 없이 이어지는 이야기지만 나름 연관성과 상상력이 없으면 이어갈 수 없는 아주 재미있는 놀이였다.

이런 놀이가 너무 황당하다고 생각할 수도 있다. 그러나 요즘 개봉하는 영화 중에는 동화를 원작으로 하지만 아주 독특하게 이야기가 전개되는 것이 많다. 2012년 개봉한 영화의 모티브로 '장화 신은 고양이'와 '잭크와 콩나무' 이야기도 있다. 2013년 개봉한 '헨젤과 그레텔'의 카피는 '동화 속 착한 남매는 잊어라!'이다. 이처럼 많은 작품이 동화에서 모티브를 얻었을 뿐, 또 다른 이야기와 두세 가지를 섞어서 시나리오를 만들어간다.

21세기 이야기 산업은 문화 산업의 중요한 부문을 차지하고 있다. 애니메이션을 만드는 기술력이 있지만 이야기를 만들어 내는 것에는 너무 약한 것이 우리나라의 현실이다. 이야기를 얼마나 잘 만들어 내느냐에 따라 문화 식민지로 전락할 수도 있다고 한다.

아이에게 책을 읽어주는 것은 아이와 함께하는 시간을 갖는 것부터 시작해서 대화의 소재로 이용하고, '이야기 이어서 만들기' 놀이를 통해 상상력도 키울 수 있는 좋은 방법이다. 아마도 《천일야화》에 등장하는 세에라자데는 부모가 어릴 적부터 책을 많이 읽어주었을 것 같다.

Part.03
10분을 100분처럼 활용하는 노하우

이메일과 문자 메시지를
활용하라

　드라마 '식객'에 출연하면서 조리사 자격증을 따고, 요리책도 출간한 배우 권오중. 그가 어느 케이블 방송에 출연해서 "결혼 후 10년 정도 매일 아내와 아이에게 편지를 썼다. 가끔 바쁠 때면 침대맡에 편지를 두기도 했고, 촬영장에서 쓴 적도 많다"며 "뱃속의 아이한테도 편지를 쓰기 시작해 10년 동안 썼는데 나중에 보니 아이한테도 의미가 크다"라고 말했다. 이 기사를 보면서 "아! 저런 좋은 방법도 있구나" 하고 감탄한 적이 있다. 내가 아직 해보지 않은 방법이었지만 매우 좋을 것 같다.
　첫째 규환이에게 하고 싶은 말을 쪽지에 적어서 전한 적이 몇 번 있다. 가끔 아이들이 유치원이나 초등학교에서 어버이날에 종이로 만든 카네이션을 만들어오면서 편지를 써온다. 비뚤비뚤한 글씨로 '아빠, 엄마 사랑해요'라고 쓴 편지를 볼 때면 새삼 대견하다는 생각이 들 때가 있다.
　나도 편지에 대한 뭉클한 기억이 있다. 초등학교 3학년 겨울, 크리스마스카드를 직접 만들어서 안동에 계신 할아버지에게 보낸 적이 있었다. 그

때 할아버지께서 답장으로 칭찬의 글을 가득 적어 보내주셨다. 고향 집 다락에 넣어둔 기억은 있는데 대학 때 우연히 그때 생각이 나서 집을 다 뒤졌지만 찾을 길이 없었다. 할아버지에 대한 사랑을 느낄 수 있었던 그 편지를 찾지 못해 아쉬움이 크다.

이처럼 편지는 마음을 전해주고 추억을 만들어준다. 요즘은 라디오 방송에서 '손 편지'로 쓴 사연이 채택될 확률이 제일 높다고 한다. 그만큼 편지가 그립고 따뜻하기 때문이리라.

하지만 요즘처럼 휴대전화 문자와 이메일을 편리하게 쓰는 세상에 편지를 직접 쓰기는 쉽지 않다. 굳이 방식에 매이지 말고 이메일이나 문자 메시지를 적극 활용하는 것도 좋겠다. 말하기 어려운 것, 시간을 내기 어려워서 말할 기회를 잡기 어려운 상황이라면 이메일을 이용해보자.

아빠라고 해서 무슨 말이든 쉽게 할 수 있는 것은 아니다. 그리고 **이메일을 통해 아이와 둘만의 비밀을 만드는 것도 아빠와 아이 사이를 끈끈하게 만드는 비결이기도 하다. 비밀을 공유한다는 것은 신뢰가 바탕이 되어야 가능한 것이기 때문이다.** 이런 비밀을 만들 수 있는 좋은 방법이 바로 편지와 이메일이라고 생각한다.

편지나 이메일을 쓸 때 주의할 점이 있다. 어떤 글이든지 한번 쓰고 나서 반드시 검토해봐야 한다. 오타는 물론 문맥이 쉽게 이어지는지도 신경 써야 원하는 방향대로 전달할 수 있다. 간혹 글을 써서 더 오해가 생겼다는 인터넷 유머를 보면 공감이 되기도 한다. 회사에서 문서 보고하듯이 쓰지 말고, 1980~90년대 가요의 가사처럼 서정적인 느낌을 살려서 쓴다면 더 좋을 것이다.

편지나 이메일과는 다르게 수시로 짧게 주고받을 수 있는 문자 메시지도 소통하기에 좋은 매체이다. 우리 집의 휴대전화 보급률은 우리나라 평균보다 훨씬 낮은 50%다. 이제 5학년이 되는 첫째에게도 사주지 않아서 문자 메시지를 주고받을 수 있는 상황은 아니다. 가끔 아이가 어디 있는지 궁금하기는 하지만 아이가 수시로 내게 전화를 걸어오기 때문에 많이 불편하지는 않다. 밖에서는 공중전화를 이용해서 수신자 부담으로 걸어올 때도 많아서 아직 휴대전화기를 사줘야겠다는 계획은 없다.

문자 메시지를 주고받을 때 이모티콘을 사용한다면 더 친근하고 편안한 사이가 될 수 있다.

이렇듯 문자 메시지, 이메일, 편지, 간단한 메모 등 다양한 방법을 활용하며 대화를 이어가보자.

Part.03
10분을 100분처럼 활용하는 노하우

직접 하라, 솔직하라,
부드럽게 하라

무수히 많은 사람 중에 자주 만나서 대화하고 싶은 사람들이 있다. 따뜻하고 친절한 사람, 남과 다름을 인정할 줄 아는 사람, 상대방의 감정을 존중하는 사람, 변덕스럽지 않고 일관된 사람 등이 그렇다. 이 가운데 나는 몇 가지나 해당될까? 특히 아이에게 나는 '대화하고 싶은 아빠'인가 아니면 '대화하고 싶지 않은 아빠'인가?

아빠들이 집에서 하는 말을 살펴보면 크게 '명령형'과 '지시형'이 많다. "숙제부터 먼저 하고 놀아라", "얘기하면 알아들어야지 몇 번을 말해!", "그렇게 하는 게 아니라 아빠가 가르쳐준 대로만 해" 등 대화의 끝을 명령과 지시로 마무리하는 경우가 많다. 일방적으로 말하기 때문에 대화라고 보기도 어렵다. 간혹 아이가 칭찬받을 일이 있어도 "그래 잘했어", "그렇게 하면 되는 거야" 등 일방적으로 말을 하고 마무리 짓는 경우가 대부분이다.

여기서 아빠들의 '불편한 진실'을 발견할 수 있다. 따뜻하고 부드럽게 말할 수 있음에도 그런 모습을 아이에게 보이는 것을 꺼린다. 부끄러울 수도 있고 겸연쩍어 그럴 수도 있다. 아빠들은 종종 아이를 평가하는 태도로 다가간다. 과정보다 결과에 치중한 말을 한다. 그렇다면 아이는 칭찬받을 일이 있을 때만 아빠에게 보고하고, 다른 일은 숨길 수도 있다. 이런 일이 반복되면 아이의 자신감이 부족해질 수도 있다. 자신감은 자기 생각과 느낌을 상대방에게 직접 그리고 솔직하게 말할 수 있는 능력이다.

혹시 아빠는 언제나 강하고, 못 하는 것이 없고, 실수도 안 하고, 소극적인 모습을 보여서는 안 되는 존재라는 생각에 허세를 부리고 있는 것은 아닌가? 부모가, 특히 아빠가 자신의 감정을 건강하게 표출하는 것이 아이의 자신감을 높여주는 중요한 요소 중 하나다. 칭찬할 때는 건조한 말투로, 꾸짖을 때는 무섭게 대한다면 어떤 누구도 대화하고 싶지 않은 사람일 것이다. 칭찬할 때도 요령이 있고, 지적할 때도 요령이 있다.

첫째, 감정을 앞세워서는 절대 안 된다. 둘째, 행동과 과정에 대해서만 해야 한다. 셋째, 다른 아이와 비교해서 평가하면 안 된다.

대화의 기본은 상대를 존중하는 것에서 시작된다. 상대가 아이라 해도 마찬가지다. 아이는 아직 자기 생각과 행동이 다듬어지지 않았지만 그 생각과 행동을 존중해줘야 대화를 편안하게 할 수가 있다. 아이가 말을 시작하려는데 "그건 아니야", "그건 잘못했어"라며 말문을 막으면, 더 이상 대화하고 싶은 생각이 없어지는 것은 물론 자신을 이해하지 못하고 인정하지 못하는 아빠를 멀리하게 될 가능성이 높다.

실수와 잘못된 행동은 누구나 할 수 있다. 아빠도 예외는 아니다. 아빠가 실수했다고 아이가 놀리지 않는다. 어린 시절 실수했을 때 친구들이 놀리는 것이 싫어서 우겨본 경험이 있을 것이다. 그러나 아빠가 아이에게 변명하거나 우기는 모습을 보이는 것은 아이에게 '너도 나중에 나랑 똑같이 하면 돼'라고 가르쳐주는 것과 같다. 실수는 누구나 할 수 있다. 중요한 것은 같은 실수를 반복하지 않는 것이고, 그것을 아이가 배울 수 있게 하는 아빠의 모습을 보여주는 것이다.

 영화나 드라마를 볼 때 슬픈 장면이 나오면 옆 사람의 눈치를 보면서 자신의 감정을 숨기지 말자. 개그콘서트를 보며 '니들 한번 웃겨 봐라, 내가 웃는지!' 하며 그들을 평가하지 말자. 웃기면 웃으면 되고 슬프면 눈물 흘리면 된다. 숨기는 것, 조절하고 감추는 것이 남자다움의 전부는 아니다. 아이에게는 감정을 있는 그대로 함께 나눌 수 있는 아빠가 더 편안한 대화 상대이다.

Part.03
10분을 100분처럼 활용하는 노하우

눈을 보고 표정을 지으며
얘기하라

　의사소통과 관련하여 가장 많이 등장하는 법칙이 바로 미국의 심리학 박사인 앨버트 매러비안의 '매러비안 법칙(The Law of Mehrabian)'이다. 이 법칙에 따르면 의사소통에서 말의 내용이 차지하는 비중은 7%, 목소리는 38%, 표정 및 자세, 제스처 등 몸짓 언어가 55%의 영향력을 갖고 있다고 한다. 자칫 말의 내용이 7%밖에 안 된다고 무시해서는 안 된다. 상대방에 미치는 영향력을 연구한 결과이지 중요도가 아니므로 혼동하지 않았으면 한다.

　다시 본론으로 돌아가면, 매러비안 법칙에 따르면 말은 청각보다 시각적인 요소가 상대방에게 미치는 영향력이 크다는 것을 알 수 있다. 잘 정리된 내용과 좋은 목소리뿐만 아니라 표정과 자세 등 몸짓 언어가 잘 어우러져야 의사소통이 완성된다고 할 수 있다.

　아빠들의 표정은 어떤가? 아이와 카드게임을 하는 것도 아니면서 '포커페이스'를 유지하고 있거나, 말의 내용과는 상관없이 근엄하고 묵직한 표정을 하고 있을 때가 많다.

　사람의 표정을 만드는 얼굴 근육은 22개이다. 지구 상의 어떤 동물보다도 많으며 6,000~1만 여 종류의 표정을 갖고 있다고 한다. 그런데 우리나라 특히 아빠들의 표정은 왜 그리도 한결같은지 모르겠다.

　인터넷에 떠도는 축구 국가대표팀 '최강희 감독'의 다양한 표정을 모은 사진이 있다. 기쁨, 슬픔, 짜증, 분노, 증오, 환희 등 20여 가지의 상황이 모두 똑같은 표정이다. 다만 '승리'했을 때만 환하게 웃는 표정이 마치 아이처럼 천진난만한 느낌까지 들게 한다.

　말의 내용에 맞도록 표정을 구사하면 좋겠지만 꼭 그렇지만은 않다. '희로애락' 정도만이라도 아이와 대화할 때 보여줬으면 한다. 아이와 대화할 때 어떤 몸짓언어를 활용하면 좋을까?

　첫째, 눈빛!

　표정은 숨길 수 있어도 눈빛은 숨길 수 없다. 아이와 시선을 맞추는 것은 기본이다. 그리고 아이를 사랑하는 따뜻한 마음만 준비된다면 눈은 거짓말을 못하기 때문에 더 이상의 준비는 필요 없다.

　둘째, 미소!

　몇 년 전 KBS '스펀지'에서 웃는 얼굴로 화를 내는 실험을 한 적이 있다. 화난 표정으로 "너 왜 그래?"라는 말을 웃는 표정, 우는 표정, 두려운 표정 등 여러 가지 표정으로 말을 했는데, 표정이 바뀌면 "너 왜 그래?" 하는 목소리도 표정과 일치했다.

　영화 '친절한 금자씨'에 나오는 유명한 대사가 있다.

　"너나 잘하세요."

무표정한 얼굴로 아무 감정 없이 던진 이 한 마디가 영화의 전반적인 분위기를 짐작케 한다. 아이와의 대화 분위기도 아빠의 표정과 눈빛으로 결정된다고 할 수 있다. 집에 도착하면 아이는 아빠에게 오늘 있었던 일 중에 말하고 싶은 것을 하나씩 쏟아내기 시작한다. 아빠가 건성으로 듣는 것인지, 귀찮아하는 것인지 아이들은 금방 안다. 당장 들을 수 없는 이유가 있으면 조금 후에 얘기하자고 부드러운 미소와 온화한 눈빛으로 말하면 된다. 아이가 자꾸 보채면 다시 부탁하든지, 아니면 짧게라도 들어주면 대부분 아이는 아빠가 요구한 것을 들어줄 것이다.

모든 대화에서 자연스럽고 편안한 분위기는 필수 조건이다. 그리고 아이와 공감하려면 아이가 짓는 표정과 같은 표정을 지으면 된다. 같은 표정을 짓는다는 것은 '너의 마음을 안다'라는 무언의 반응이다.

Part.03
10분을 100분처럼 활용하는 노하우

스킨십은
말보다 강하다

옛날, 작은 집에 여럿이 함께 살면서 겨울에 큰 이불 하나를 같이 덮으며 살던 시절, 바깥쪽에 있는 사람은 찬 기운 때문에 잠을 여러 번 설치곤 했다. 요즘처럼 보일러도 없어서 아랫목만 따뜻하다 보니 그곳에서 모두가 함께 온기를 나누며 잠을 잤다. 바깥쪽에서는 조금이라도 찬 기운을 안 맞으려고 안으로 파고들고, 안에서는 나름 여유 공간을 확보하고자 옆 사람과 신경전을 벌이기 일쑤였다. 그런 어린 시절을 보낸 형제들은 유독 더 가깝게 느끼며 할 얘기도 많아진다.

세월이 흘러 직장과 결혼 등으로 떨어져 지내지만 어릴 적 스킨십이 많았던 가족에게 그것은 물리적인 거리일 뿐이다. 머리에서 가슴까지의 거리는 30cm 정도이지만 가슴을 울리는 대화를 할 줄 아는 사람들이 그리 많지 않은 것을 보면 30cm라는 거리는 어쩌면 도달하기 어려운 먼 거리일 수도 있다.

내가 두 아들과 함께하는 시간은 같이 놀아주면서 시작되는 것이 아니라 집에 도착하는 순간부터다. 집에 도착해서 문을 열면 두 아들이 달려나온다. 여덟 살 작은아이는 가벼운 몸으로 폴짝 뛰며 팔과 다리로 매달린다. 큰아이는 열두 살이라 매달리지 못하는 아쉬움을 대신해 내 목을 감싸고 양 볼과 입에 입맞춤하며 나의 귀환을 반겨준다. 그리곤 둘이 동시에 그날 겪은 일 중에 먼저 말하고 싶은 것을 쏟아내기 시작한다.

　이런 풍경은 큰아이가 보행기를 타던 시절부터 벌어졌다. 보행기를 타고 놀던 아이가 내가 문을 열자 보행기를 몰아서 내게 오는 것이었다. 그때의 감동은 아직도 코끝이 찡해지며 가슴을 울린다. 열두 살짜리 남자아이가 아직도 아빠 볼에 뽀뽀하고 꼬~옥 안아주는 모습은 쉽게 볼 수 있는 풍경은 아닌 듯싶다. 행복이 따로 없다는 생각이 드는 순간이다.

　소통의 시작은 스킨십이다. 특히 아빠의 스킨십은 엄마와 다르다. 조금은 거칠지만 더 많이 부딪치고, 더 많이 움직이게 한다. 체험학습 프로그램을 찾아가도 아빠와 하는 것은 온몸을 움직여 하는 것이 더 많다. 그러기에 몸 전체를 움직이며 함께한 시간이기에 더 가까워질 수 있을 것이다.

　꼭 체험학습, 운동을 하면서 시간을 보내는 것이 전부는 아니다. 아파트 단지에 살다 보니 주변에 작은 공원과 산책할 수 있는 곳이 있어서 저녁 식사를 하고 나면 소화도 시킬 겸해서 아이들과 산책을 나오곤 한다.

　시골 할아버지 댁에 가면 더 좋은 산책 코스가 주변에 가득하다. 손을 잡고 걷기도 하고, 작은 아이에게 자전거를 가르쳐주기도 한다. 여름이면 도시에서도 여기저기 볼거리들이 많아서 조금만 움직여도 아이와 함께할 수 있는 곳이 많이 있다.

　아빠들이 아이와 함께하는 것을 부담스러워 하는 이유 중 하나가 스케

일이 큰 활동을 해야 한다는 생각 때문이다. 지역의 축제나 체험학습 하는 곳을 알아보거나 2박 3일 일정의 여행 계획을 세우는 등 아빠들은 아이와 함께하기 위해 힘들게 준비해야 하는 활동을 떠올린다. 아이와 함께하는 시간은 사소하지만 자주 접할 수 있는 것부터, 집 주변에서 찾는 것이 훨씬 좋다.

평소 바쁜 직장생활과 피곤 때문에 함께하지 못한 미안함을 '큰 거 한 방'에 만회하려는 심정을 모르는 것은 아니지만 집안에서 함께 할 수 있는 소소한 재미부터 찾는 것이 우선이다.

무엇보다 잊지 말아야 할 것은 '스킨십은 말보다 강하다'라는 사실이다. 특히 아빠의 포옹과 스킨십은 엄마의 그것과는 분명 다른 느낌으로 아이에게 전해질 것이다.

오늘 난 큰아이와 같이 잠자는 날이다.

Part.03
10분을 100분처럼 활용하는 노하우

10분 대화로
언어 능력이 쑥쑥 자란다

'아버지 효과(The effects of father)'라는 것이 있다. 아빠 덕분에 아이의 자아 존중감과 사회성, 도덕성이 크게 높아지는 것을 말한다. 하버드대학교의 연구 결과에 따르면 아빠와 같이 식사하는 아이가 그렇지 않은 아이보다 언어 능력이 10배 뛰어났다고 한다.

2009년 SBS에서 방송된 '밥상머리의 작은 기적'이라는 프로그램에서는 식사 시간에 하는 대화만으로도 아이들의 언어 발달에 큰 효과를 거둘 수 있다는 연구 결과를 발표했다. 평소 대화를 하거나 책을 읽어줄 때 아이들이 140여 개의 단어를 배우는 반면 가족 식사를 통해 1,000여 개의 단어를 익히기 때문이라고 한다.

물론 성적에 대한 꾸중이나 훈계라면 아빠나 엄마의 일방적인 말이겠지만, 그날그날의 소소한 일상, 질문에 대한 엉뚱하고도 재미있는 설명과 대답, 갑자기 생각난 자기 경험담 등 주제나 소재에 대한 예측이 불가능해서 아이들의 지적 발달을 자극하기 때문이라고 한다. 식사 시간의 대화만으로도 이런 효과를 거둘 수 있다는 것이다.

특히 아빠의 경험과 설명은 엄마의 것과는 많이 다르다. 평소 생활환경의 차이 때문에 말하는 단어와 문장 구조 등이 더 다양하므로 언어 능력을 향상하는 데 큰 영향을 미치게 된다.

아이들의 언어 능력은 이제 시작하는 단계에 있다. 다른 아이보다 늦는다고, 어눌하다고, 더듬는다고 고민하지 말아야 한다. 아이들의 언어 습득 능력은 0~13세까지 가장 활발히 발달한다고 미국의 저명한 언어학자인 촘스키가 말했다. 언어 능력에서 차이가 있는 이유는 다양한 환경에 얼마만큼 노출되었느냐에 달려 있다. 언어에 많이 노출되면 될수록 아이의 타고난 언어 능력이 발휘된다.

결국 환경이 결정하는 것이다. 또한 어떤 언어 환경에 노출되는가에 따라서 글을 더 잘 쓰는 아이도 있고, 글을 더 빨리 읽는 아이도 있고, 말을 조리 있게 하는 아이도 있는 것이다.

앞서 언급했듯이 언어 습득 능력은 태어나면서 생긴다. 부모와 더 많은 대화에 노출되는 아이의 언어 발달이 빠르다. 또한 부모가 사용하는 말에 따라서도 차이가 난다. 가령 다른 사람에 비해 많은 문장과 단어를 쓰며 대화하는 부모의 아이는 언어 발달이 또래보다 월등한 것을 알 수 있다.

아빠보다는 엄마와 대화를 많이 하는 우리의 현실이지만, 지속적으로 아빠와의 대화 환경에 아이가 노출된다면 아이의 언어 능력에 많은 영향을 미치게 될 것이다.

자존감을 높이는 10분 대화법

자존감이 실패에 빠진 아이를 다시 일으켜 세울 수도, 포기하게 할 수도 있다.
자존감이 낮은 아이는 어떤 일을 실패했을 때
'나는 할 수 없어, 뭘 해도 잘 안 돼'라며 다시 시도하는 것을 두려워한다.
아이가 실패하고 다시 일어설 수 있는, 인생에 중요한 경험을 충분히 하도록 아빠가 도와야 한다.

자존감 높은 아이가
행복하다

"라이! 포기하지 않는다면 넌 뭐든지 해낼 수 있어."

'태극 천자문'이란 애니메이션에 나오는 주인공 '라이'가 힘들어 포기하려고 할 때 엄마가 아들에게 용기를 주려고 한 말이다.

아이들에게 재미있게 한자를 가르쳐주는 두 가지가 있다. '태극 천자문'과 '마법 천자문'이다. 그중에 우연히 애니메이션 '태극 천자문'을 봤는데, 내가 봐도 재미있어서 못 보는 날이면 녹화해가며 볼 정도로 '열혈 팬'이 되었다.

주인공 '라이'에게 어려운 일이 닥치면, 어딘가에서 호랑이 가면을 쓴 용사가 나타나 엄마가 했던 격려의 말을 전해준다. 그러면 주인공은 자신도 알지 못했던 본인의 잠재력을 발휘하며 위기를 성공으로 이끌게 된다.

가면 용사가 바로 엄마였다. 엄마는 얼굴을 숨기고 아들의 주변을 맴돌며 직접 도와주기보다는 아들이 용기를 내서 혼자 힘으로 극복할 수 있도록 한다. 주인공은 그런 과정을 통해 성장해가는 것이 내용의 핵심이다.

"실패를 용인해야 성장할 수 있다." -안철수

"시련은 있어도 좌절은 없다." -정주영

"밥 딜런과 피카소는 실패를 두려워하지 않았다." -스티브 잡스

성공한 이들은 하나같이 실패와 관련된 명언을 남기고 있다. 성공한 사람들은 실패한 경험이 없을까? 그렇지 않다. 그 누구보다 치명적인 실패를 경험한 사람들이지만 포기하지 않고 다시 일어나 이 시대의 리더가 된 사람들이다. 그런데 실패했을 때 다시 일어서는 힘은 어디서 나오는 것일까?

하버드대 교육대학원 조세핀 김 교수는 "자존감이 실패에 빠진 아이를 다시 일으켜 세울 수도, 포기하게 할 수도 있다"며 "아이의 자존감을 키우는 부모의 교육이 중요하다"라며 자존감의 중요성을 강조했다.

자존감(자아존중감, 自我尊重感)이란 '자신이 사랑받을 만한 가치가 있는 소중한 존재이고, 어떤 성과를 이루어낼 만한 유능한 사람이라고 믿는 마음'이라는 뜻이 있다. 자존감은 갑자기 깨달아서 갖출 수 있는 능력이 아니라 오랜 시간 동안 경험과 노력을 통해 얻는 상태이다.

"긍정적인 사람이 자존감이 높다. 자존감이 낮은 사람은 '나는 할 수 없어, 나는 이거밖에 안 돼, 뭘 해도 잘 안 돼' 등 다시 시도하는 것을 두려워한다"고 조세핀 김 교수는 말한다. 다시 말하면 자존감이 높은 사람과 그렇지 않은 사람은 실패의 상황에서 자신을 격려하고 다시 도전하려고 일어서는 힘이 다르다는 뜻이다. 이 힘은 아이 스스로 실패와 도전을 겪어봐야 생길 수 있다.

그런데 많은 부모가 아이의 의지와는 상관없이 '아이의 미래를 위해서'

라는 명분으로 아이가 좋아하는 것을 고려하지 않은 채 부모의 판단으로 결정하고, 그만두게 하고, 다른 것을 선택하게 한다. 아이가 실패하고 다시 일어설 수 있는, 인생에 중요한 경험을 부모의 판단으로 빼앗는 것이다. 아이는 혼자 할 수 있는 것이 점점 없어지게 된다. 그것은 '성공'이라는 결과만을 중시한 부모의 잘못된 판단 탓이다. 선택의 상황을 겪어봐야 올바른 선택을 할 수 있는 자신의 기준이 생기는 것이다. 실패를 경험해봐야 성공하는 방법을 알게 되는 것이다.

아이의 자존감을 형성하는 데는 부모가 결정적인 영향을 미친다고 한다.

《아이의 자존감》이란 책에는 자존감이 높은 아이와 자존감이 낮은 아이와의 인터뷰 내용이 실려 있다. 인터뷰 중에 "지금 행복한가요?"라는 질문을 던지면, 자존감이 낮은 아이는 "아니오"라고 하거나 대답을 회피했다고 한다. 그 아이들의 나이는 겨우 11~12세 정도라고 한다. 자존감이 아이들의 행복에도 큰 영향을 미친다는 것을 알 수 있다.

평소에 아이의 자존감을 높여주려면 아이가 말을 할 때마다 경청해야 한다. 엉뚱하고 앞뒤가 맞지 않아도 잘 들어주며 반응도 잊지 말아야 한다.

아이가 처음 아내의 뱃속에 생겨난 소중하고 귀한 그 순간을 아빠가 잊어서는 안 된다. 그런 마음으로 아이와 대화한다면 아이도 자신을 귀한 존재로 느끼며 성장할 것이다.

자녀를 대화에
참여시켜라

일 년 중 우리 가족의 거사를 치르는 날이 다가오면 첫째 규환이는 이 날을 너무나 기다렸다며 기대에 부풀어 있곤 한다. 바로 '김장을 담그는 날'이다.

아이는 갓 담근 김치를 좋아하고 무엇보다 김장하는 날에 먹는 보쌈을 좋아하기에 이날을 손꼽아 기다린다. 물론 배추에 소를 넣어보는 것도 직접 하고 싶어 한다.

올해도 기다리던 '김장을 하는 날'이 왔다. 우리 가족은 4남매가 모두 모여 부모님과 함께 김장을 담근다. 시골집에서 부모님께서 키운 배추, 무, 고추, 파 등으로 김장을 한다. 삼대가 한자리에 모이니 작은 시골집이 시끌벅적해진다.

어른들끼리 마당의 작은 비닐하우스에서 김장을 하고 아이들은 집과 마당을 오가며 기웃거리다가 직접 해보고 싶은 마음에 고무장갑을 찾았다. 그런데 아버지께서 옷에 양념이 묻는다며 아이들을 방으로 돌려보냈다.

아버지 말씀에 규환이는 가다가 다시 돌아와서는 "제가요, 김장하는 거 좋아하고요, 일 년을 기다렸는데 해보면 안 돼요?" 하는 것이 아닌가. 하는 수 없이 어른들은 "한 포기만 하고 가. 알았어?" 하고 마지못해 허락했다. 그 말에 규환이가 얼른 고무장갑을 끼고 앉아서 배추 한 포기에 양념을 넣고 두 번째 포기를 집으려는 순간, "그만해. 하나 했으니까 됐어. 어서 들어가" 하는 어른들의 말에 어깨가 축 처져 돌아갔다.

한 30분쯤 지났을까? 규환이가 다시 돌아왔다. 어른들의 반응은 둘로 나뉘었다. 옷에 묻고, 추우니까 그냥 들어가라는 의견과 남들은 돈 주고 체험도 하는데 같이 하게 하라는 것이다.

그런데 이번에는 아홉 살, 일곱 살 아이들도 같이 와서 마치 시위를 하듯 김치를 만들고 싶다고 했다. 하는 수 없이 모두에게 고무장갑을 끼워주고 같이 하기로 했다. 물론 옷은 엉망이 되었지만 아이들의 얼굴에는 미소가 보였다. 그리고 하나둘씩 김장에 대한 질문이 쏟아졌다. 어른들도 차근차근 가르쳐주며 아이들의 말에 대답해주었다. 말 그대로 가족의 연중 거사를 모두가 재미있게 마무리할 수 있었다. 물론 아이들 때문에 일은 좀 더뎌지고 귀찮아졌지만 아이들은 모두 만족하는 표정이었다.

아이들은 어른들이 하는 일을 알고 싶고 배우고 싶은 호기심이 많다. 그러나 어른들은 효율성을 먼저 생각한다. 옷이 더러워지면 빨래, 청소를 해야 하고, 아이들과 함께하면 일이 더뎌지는 것을 걱정한다. 때문에 아이들을 위한다는 명분으로 어른들의 편리함을 도모한다.

아이는 어른과의 대화를 좋아한다. 아이는 어른에게 인격체로 인정을 받았다는 것과 자신이 대화에 필요한 기초 지식을 공유하고 있다는 점에 어깨가 으쓱해진다. 특히 아빠가 아이를 대화상대로 인정한다는 것은 아이를 그만큼 존중하고 있다는 신호를 아이에게 보내는 것이다. 자신을 존중하는 자리에는 더 열심히, 적극 참여하는 것이 사람의 마음이다. 아이도 독립된 인격체인 만큼 어른과 다르지 않다.

아이와 대화를 하고자 한다면, 효율성은 잠시 접어두는 편이 낫다. 실수와 실패를 아이가 겪도록, 기꺼이 비효율적인 방법을 택해야 한다. 아이는 부모의 인내와 배려, 지켜보는 시간을 먹고 자라는 존재라는 점을 잊지 말자.

Tip 대화를 이어가는 질문하기

아이와의 대화에서 가장 중요한 것은 대화의 첫 주제 선택이다. 어떤 주제를 선택하는지에 따라 대화가 길어지거나 짧아지기도 한다. 처음 주제는 아이도 잘 알고 있는 것으로 택하라. 아이가 관심이 있는 주제라야 아빠의 말을 들으며 계속 질문과 대답이 이어질 수 있기 때문이다.

이때 아이가 이야기를 이어나갈 수 있도록 질문을 던진다. 즉 '예', '아니오' 같은 형식의 대답을 하지 않게 질문을 하는 것이다. 예를 들면 "학교에선 별일 없었니?"라고 질문하면 "네, 없었어요"라고 답하면 대화는 끝난다.

질문을 조금만 바꿔보자. "오늘 학교에서 점심 메뉴는 뭐가 나왔니?", "체육 시간이 있던데 어떤 운동을 했어?" 등 아이의 대답을 통해 다시 대화를 이어갈 수 있는 질문을 하는 것이 중요하다.

Part.04
자존감을 높이는 10분 대화법

아이에게
SOS를 요청하라

아이가 말을 알아듣기 시작하면 부모는 여러 가지 단어를 가르친다. "이건, 숟가락", "이건 안경", "이건 리모컨이야" 등 물건의 이름을 하나하나 가르쳐준 후 아이가 익힌 단어를 확인하기 위해 "○○야, 아빠 리모컨 갖다 주세요" 하고 아이에게 작은 심부름을 시켜본다. 아이가 제대로 가져다주면 아빠의 얼굴에는 기쁨이 번진다. 아이도 같이 좋아한다. 이런 과정은 아이가 능력을 인정받는 시작 단계 중 하나일 것 같다.

그런데 이런 시기가 지나면 아이에게 건네는 말이 달라진다. "위험하니까 하지 마라", "공부에 별 도움 안 되니까 하지 마!", "쓸데없이 그걸 왜 하니?", "저번에 가르쳐준 건데 왜 모르니?" 등 대부분의 주제가 공부와 관련된 것에 집중하거나 아이의 의지를 꺾는 말을 많이 하게 된다. 아이가 자랄수록 아빠의 말투 역시 지시나 명령으로 바뀐다.

그에 반해 아이는 여전히 아빠와 엄마의 주변을 맴돌며 호기심을 보이고 "어떻게 하는 거예요?", "저도 가르쳐 주세요"라며 무엇이든 부모와 같이 해보고 싶어 한다.

부모는 아이의 호기심을 충분히 자극해줘야 한다. 아이에게 작은 기회만 주면 아이는 아빠와 엄마의 고정관념을 뛰어넘는 신선한 창의력을 보여줄 것이다. 아이의 호기심 주머니는 채우면 채울수록 더 배고파지는 것 같다. 아이가 호기심을 잃지 않도록 경험할 기회를 만들어주자. 아이는 호기심을 채우고 하나씩 배워나가면서 '하고 싶다'에서 '할 수 있다', '아! 이렇게 하는구나'로 생각이 바뀔 것이다.

요즘 첫째 아이는 요리에 관심을 보인다. 내가 가끔 밥을 하거나 라면을 끓이거나 하는 간단한 요리를 할 때 자신이 도와주겠다며 먼저 말을 걸어온다. 처음에는 아이가 불에 가까이 있는 게 위험하다고 생각해서 "아빠가 나중에 가르쳐줄게", "지금은 빨리해야 하니까 다음에 도와줘"라고 핑계를 대며 기회를 미뤘다.

그런데 엄마가 주방에 있을 때도 "엄마, 제가 도와드릴 일이 없어요?" 하며 다가간다. 자신도 간단한 요리를 해보고 싶은 모양이다. 그래서 아이에게 작은 일을 도와달라고 요청하거나 "너는 어떻게 생각하니?"라며 의견을 물어보았다.

가령 라면을 사러 간다면 "오늘은 어떤 라면이 먹고 싶니? 아빠가 어떤 걸 사야 할지 잘 모르겠네?", "냉장고에서 달걀을 꺼내줄 수 있니?" 등 아주 단순하지만 아이의 의견과 도움을 요청하는 것이다. 아이는 음식이 완성될 때까지 주변을 맴돌며 "또 도와드릴게 없어요?"라며 자신의 존재를 잊지 말아 달라는 듯 주변을 맴돈다.

부모는 이런 작고 소소한 것들을 아이가 왜 그렇게 하고 싶어 하는지

의문이 들기도 한다. 우리의 어린 시절을 떠올려보자. 어른들이 하지 말라는 것은 더 해보고 싶고, 막상 해보면 별것 아닌 일도 부모님 몰래 해보는 것이 더 재미있지 않았던가.

아이가 무엇인가를 하고자 하는 마음을 갖는 것보다 더 좋은 것이 있을까? 어른의 눈으로 봤을 때 중요하지 않고, 별 도움이 될 것 같지 않더라도 아이가 하고 싶은 것을 할 수 있도록 도와줘야 한다. 비록 작은 일이지만 하고 싶은 것을 했을 때의 성취감을 맛봐야 앞으로 더 큰일에 도전할 수 있을 것이다.

오늘은 달걀을 가져다주는 잔심부름을 하는 아이가 머지않아 최고로 맛있는 라면을 끓여 아빠를 대접하는 모습을 상상해본다. 벌써 군침이 돈다.

Tip 아이의 도전정신을 키워주는 대화하기

아이와 같이 무언가를 할 때 신경 쓸 것이 많아 때로는 귀찮기도 하다. 아빠 혼자 할 때보다 시간이 더 걸리고 아이의 손놀림이 서툴러 실수할 확률이 더 높다. 그러나 실수는 실수일 뿐, 다시 하면 된다. 그리고 다시 시도하는 모습을 보여주는 것이 필요하다.

아이가 할 수 있는 작은 일을 도와달라고 하자. 그리고 잘 도와주었을 때 "○○가 정말 잘 하는데", "왜! 실력이 더 늘었네"라며 아빠가 하는 일에 아이가 큰 도움이 된다는 것을 알려주면 아이는 미소로 답할 것이다.

아이는 신 나서 아빠와 함께하고 싶은 것을 제안할 것이다. 기꺼이 함께 하는 아빠의 모습으로 아이의 도전정신을 채워주자. 실수는 실수일 뿐이니까.

Part.04
자존감을 높이는 10분 대화법

꼰 다리를 풀고
경청하라

"다리 꼬지 마 다 다리 꼬지 마
　　(중략)
네가 도도를 논해서 내 본능을 건드려
주먹 불끈 쥐고 책상 내리치고 모두를 주목시켜
다리 꼬았지 배배 꼬였지
발가락부터 시작돼 성장판 닫히는 이 기분"

'K팝스타 시즌2'의 시작과 함께 포털 검색어 1위로 오른 참가자 '악동뮤지션'의 자작곡 '다리 꼬지 마'의 가사다. 남매의 음악적 실력도 대단하지만 사람의 속마음을 가사에 너무도 잘 표현한 곡이 아닐까 싶다.

　가사를 음미해보면 상대가 '도도함'을 얘기할 때 그 사람이 그럴 자격이 없다는 생각에 속이 뒤집힌 것이다. 그래서 다리와 함께 마음도 '배배 꼬였지'란 표현이 나온 것 같다. 이 가사에 공감하는 이유는 다들 이런 경험을 해본 적이 있기 때문이리라. 이처럼 상대방의 말이나 경험에 공감을 해야 고개가 끄덕여지는 것이다.

공감으로 가는 첫 단계는 들어주기, 즉 경청이다. 아이와의 대화에서 경청은 아이의 마음이 되어 아이의 말을 들어보는 것이다. 화술 전문가가 알려주는 커뮤니케이션 기술보다 효과가 좋은 것이 공감이다. 더구나 내 아이이기 때문에 공감을 넘어서 동감을 할 수도 있다.

그런데 아이의 말을 잘 들어주는 아빠는 그리 많지 않다. 아이의 말을 다 들어주기에는 시간이 걸릴 것이라는 생각이 앞서기 때문에 아이의 말을 공감하며 듣기보다는 건성으로 들어버리는 일들이 발생한다. 아이가 하는 말은 어눌하기도 하고, 더듬거리기도 하고, 앞뒤가 잘 맞지 않는 경우가 많다. 어른들도 조리 있게 말하는 사람이 드문데 하물며 아이가 논리적으로 말하기를 바라는 것 자체가 무리다.

==힘든 하루를 보내 피곤한 아빠들은 아이의 이야기에 귀 기울이지 못한다. 논리적으로 판단하는 것에 익숙한 아빠들에게 아이들의 이야기는 끝까지 인내심을 갖고 듣기에는 힘든 점이 많다. 아빠들은 자신의 논리로 판단하거나 본인의 경험에 비추어 별것 아닌 일로 치부하곤 하다. 이런 아빠와 대화하고 싶은 아이는 별로 없을 것이다.== 아이뿐만 아니라 어떤 사람도 자신의 이야기를 건성으로 듣고, 별 것 아닌 걸로 판단하고, 딴 생각하는 사람한테 말하고 싶겠는가?

아이들이 자랄수록 아이의 말을 들어주는 사람은 점점 줄어든다. 학년이 올라가면서 부모와 함께 있는 시간은 줄어들고, 학교에서도 많은 학생을 가르치는 선생님이 아이 한 명의 이야기를 귀담아듣기란 어려운 일이다. 대화 상대를 잃은 아이들은 스마트폰으로, 게임으로 자신들의 마음을 표현하고 있는 것은 아닌지 모르겠다.

아이들이 가장 듣고 싶은 말이 "넌 할 수 있어!"라고 한다. 2011년 충북도교육청에서 초·중·고등학생(726명)과 교직원(220명), 학부모(137명) 등 1,083명을 대상으로 한 '학교 언어문화 설문조사'에서 50.2%인 544명이 이같이 응답했다.

아이들이 위축되는 이유는 자신감이 부족해서이다. 할 수 있을 것 같고, 그래서 도전해보고 싶은 아이에게 용기를 주는 한마디 말이 필요한 것이다. 아빠의 말 한마디에 아이는 도전할 수 있고, 실패해도 다시 도전할 수 있는 자신감을 가질 수 있다.

아이가 완벽하기를 바라는가? 아니면 다른 아이와 비교해서 내 아이가 더 잘했으면 좋겠는가? 그렇다면 아이가 당당하게 말하고, 당당하게 행동할 수 있도록 아빠의 공감 능력이 절실히 필요하다.

> **Tip 경청을 위한 5가지 태도**

"내게 그런 핑계를 대지 마 입장 바꿔 생각을 해봐······."
가수 김건모의 노래 '핑계'의 가사다. 나는 '역지사지'를 이보다 쉽게 설명한 글을 아직 찾지 못했다. 내가 말할 때 상대방의 행동에 기분이 나빴던 기억을 생각해보자.

- 내 이야기가 끝나기도 전에 중간에 끊으며 자신의 이야기를 할 때
- 내 이야기를 별것 아닌 걸로 치부하며 자신의 기준으로 판단할 때
- 내 이야기에 핵심을 미리 짚으며 말을 중단시킬 때

- 시선을 너무 여기저기로 움직일 때
- 팔짱을 끼고, 몸이 뒤로 젖히거나 자주 움직일 때(듣고 싶지 않다는 몸짓언어)

상대방이 위와 같은 말과 시선, 몸짓언어를 보이면 더 이상 대화가 이어지기 어렵다. 아이들도 크게 다르지 않다. 아이가 자신감 있게 말할 수 있도록 나의 태도를 점검해보자. 아빠의 표정, 몸짓, 태도의 변화에 따라 말하는 아이의 표정과 반응도 달라질 것이다.

- 눈으로 아이를 정면으로 바라보고, 시선을 자주 마주칠 때
- 몸을 아이가 있는 앞쪽으로 조금 내밀 듯이 앉고, 고개를 끄덕일 때
- 아이의 이야기 내용에 따라 표정으로 대답할 때
- 아이가 표현하기 힘든 단어를 짚어주는 것 외에 어떠한 참견도 하지 않을 때
- 온전히 나의 편이라 느낄 수 있도록 아이의 마음에서 대답할 때

Part.04
자존감을 높이는 10분 대화법

아이의 생각과 판단을
존중하라

강의 때문에 가끔 학교 캠퍼스를 거닐다 마주치는 학생들을 보면 참 풋풋하다는 생각이 든다. 그럴 때면 '다시 이십 대로 돌아가면 어떨까?'라며 이런저런 생각을 하다 피식하고 웃는다. 그런데 이런 생각을 하는 사람이 꽤 많은 모양이다.

얼마 전 한 남성복 브랜드에서 사십 대 남성을 대상으로 "이십 대로 되돌아간다면 되찾고 싶은 것은?"이란 주제로 설문조사를 한 적이 있다. 1위는 '꼭 이루고자 했던 꿈'(26%), 2위는 '첫사랑'(15%)이었다. 이어서 '유창했던 외국어 실력'(14%), '연락 끊긴 옛 친구들'(11%), '강철 체력'(9%), '연애 때의 설렘과 풋풋함'(8%), '복근과 바디라인'(8%), '풍성했던 머리숱'(5%), '암기력'(3%) 등의 순으로 응답했다.

아빠들이 가장 찾고 싶은 것은 국민 첫사랑 수지를 닮은 첫사랑이 아니라 꿈이었다. 이루지 못한 첫사랑보다 더 간절한 것이 바로 이루지 못한 꿈이었던 것이다. 그때는 어려서, 몰라서, 형편 때문에, 주변 환경 때문에 포기했던 꿈을 다시 돌아간다면 그 많은 사연과 어려움을 극복하고 이루고 싶은 것이다. 그만큼 꿈은 소중하다.

그런데 내 아이가 후회 없는 삶을 살도록 아빠들은 지금 무엇을 해주고 있는가? 혹여 나의 꿈을 아이의 꿈으로 착각하고 있는 것은 아닌가? 아이를 위한다는 명분으로 헬리콥터처럼 저공비행을 하며 아이의 주변을 검문, 검색, 탐문하며 '실패 없는 삶', '후회 없는 삶'을 기획하고 관리하는 '매니저'가 된 것은 아닌가?

1982년 가수 민해경과 김현준이 부른 '내 인생은 나의 것'이란 노래를 기억하는가? "내 인생은 나의 것~ 내 인생은 나의 것~ 그냥 나에게 맡겨 주~세~요~"로 시작하는 이 노래는 그 당시 엄청난 인기를 얻었다. 그래서 금지곡이 된 웃지 못할 사연도 있다. '청소년들에게 반발심을 유도한다'는 이유였다. 그때 나는 갓 중학생이 됐을 무렵이었는데 친구들과 자주 따라 불렀던 기억이 난다.

그때나 지금이나 인생의 주인은 '나'다. 소중한 아이의 인생도 아이의 것이다. 혹시 다른 아이와 비교하며 내 아이가 뒤처진 것은 아닌지, 경쟁에서 밀리는 것은 아닌지 하는 불안감 때문에 부모의 판단과 선택을 앞세워 아이의 생활을 좌지우지하고 있는 것은 아닌가?

문용식 교수가 쓴 책 《꾸준함을 이길 그 어떤 재주도 없다》에 보면 '인생은 얼마나 빨리 달리느냐 하는 속도가 아니라 얼마나 옳은 방향으로 달리느냐 하는 방향이 중요하다'라는 글이 있다.

아빠, 엄마의 눈에 아이들은 늘 부족하고, 실수하는 모습만 크게 보이는 것이 사실이다. 그래서 그런 실수가 없으면 좀 더 빨리 나아갈 수 있을 것이란 생각이 드는 것 또한 사실이다. 그러나 나의 어릴 적을 생각해보자. 내가 했던 실패와 후회를 돌리고 싶은 마음이겠지만 그런 값진 경험이 없었다면 그런 생각을 할 수조차 없었을 것이다.

청소년기에는 '내가 누구이며', '어떤 일을 잘하고', '어떤 일을 하고 은가'라는 질문을 통해 자기 정체성을 확립하는 시기이다. 아빠와 엄마가 판단하고 선택하는 것이 아니라 아이가 선택하고 판단한 것이라면 좋은 경험이 될 수 있도록 뛰어놀 수 있는 마당을 만들어줘야 한다.

미국의 팝 메탈 밴드인 본 조비가 부른 명곡을 흥얼거려본다.

"It's My Life~."

Tip 아이에게 선택권을 주는 요령

아이가 원하는 것을 해줄 때도 요령이 있다.

먹고 싶은 것, 다니고 싶은 학원(예·체능), 사고 싶은 것 등 아이가 선택해도 되는 범위 안에서는 아이에게 충분히 선택권을 주는 것이다. 아이가 선택할 상황이 되면, 아빠가 2~3개 정도 경우의 수를 만들어준다. 그리고 왜 그렇게 만들었는지 기준을 설명하면 아이가 선택하기 쉬워질 것이다.

"이번 주말에 가족이 함께 먹을 수 있는 간식을 네가 골라보렴. 치킨, 피자, 분식 중에 뭐가 좋을까?"

"아빠는 네가 좀 더 건강했으면 좋겠는데 태권도, 수영, 검도 중에 뭘 배우고 싶니?"

아이가 어릴 때는 경우의 수가 적기 때문에 선택과 판단도 빠른 편이다. 아이가 조금씩 성장함에 따라 고려할 것도 많아지면서 경우의 수는 늘어난다. 아이가 신중히 판단할 수 있도록 시간을 넉넉히 주는 배려가 필요하다.

Part.04
자존감을 높이는 10분 대화법

인격의 기초 공사를
무시하지 마라

　신문 사회면에서 자주 등장하는 단어 중 하나가 '인격'이 아닐까 싶다. '인격적 모독을 당했다' 또는 '훌륭한 인격을 겸비했다' 등 '인격'이란 단어는 다른 사람과의 관계에서 그 사람의 됨됨이를 일컫는 경우를 자주 볼 수 있다.

　아리스토텔레스는 '훌륭한 인격이란 바르게 행동하는 것, 즉 다른 사람과의 관계에서 그리고 자신과의 관계에서 옳은 행동을 하며 살아가는 것'이라 정의했다.

　인격이 하루아침에 만들어진다면 얼마나 좋을까? 스마트폰의 앱을 설치하고 실행하듯이 잠을 잘 때 머릿속에 심어놓고 다음 날 아침이 되면 심어놓은 조건대로 형성된다면 말이다. 그러면 인격으로 문제 되는 사람이 없고 교화도 한순간에 이루어질 수 있고 아주 좋은 것 같다. 그러나 현실은 너무도 다르다.

　인격은 어려서부터 보고, 듣고, 느끼고, 생각하는 과정에서 만들어진다.

특히 부모가 아이에게 모범이 되어야 한다. 부모가 아이를 소유물이 아닌 동등한 인격체로 대해야 한다. 아직은 미숙하지만 인격적으로 대우받아 마땅한 하나의 인격체라는 것을 인정하고 그에 맞게 대해야 한다. 아이가 인격적인 대우를 받아야 다른 사람도 인격적으로 대할 수 있다. 아이를 무시하고, 막말을 하고, 거칠게 대하는 경우가 반복되면 아이의 정서 발달에 좋지 않은 영향을 끼치게 된다.

이스라엘의 네게브 벤-구리온대학교 연구팀은 유년기에 정서적 학대 즉 성, 신체, 감정적인 학대와 무시를 받은 아이는 자기 비하에 빠져 타인과 관계 형성에 나쁜 영향을 미치게 된다는 연구 결과를 발표했다. 나는 내 아이를 얼마나 인격적으로 대하고 있는지 돌아볼 필요가 있다.

부모의 지나친 요구나 행동은 아이를 독립적인 인격체로 인정하지 않기 때문에 일어난다. 아이를 다른 아이와 비교하는 것도 인격을 무시하는 행동이다. 아이들은 있는 그대로를 존중해줘야 한다. 아이들은 자신만의 속도로 성장하는데 성급한 부모가 아이들을 힘들게 한다.

"당신은 '부모'입니까? '학부모'입니까?"라고 묻는 말에 서슴없이 '부모'라고 대답할 수 있는 부모가 얼마나 될까? 다른 아이와 성적을 비교하며 혼내지는 않았는지, 다른 아이보다 적극적으로 행동하라고 요구하지는 않았는지, 돌아보면 스스로 부끄럽고 아이에게 미안한 순간이 있을 것이다. 대학을 나와도 취업하기 힘드니 어릴 때부터 남보다 뛰어나야 한다며 경쟁을 부추기는 현실에 우리도 동참한 것은 아닌지 돌아볼 일이다.

지금 아이들에게 필요한 것은 성적과 경쟁에서 이기기 위해 많은 학원에 다니고 쉬는 시간 없이 공부만 하는 것이 아니다. 어떻게 하면 올바른 아이로 성장할 수 있는지를 고민하고 자신의 미래를 스스로 선택하고 도전해볼 기회가 필요하다.

앞서 얘기했듯이 인격은 어려서부터 보고, 듣고, 느끼고, 생각하는 과정에서 만들어진다. 지금 아이들과 가장 많은 시간을 보내야 하는 사람은 바로 부모다. 지금까지 그랬던 것처럼 '집에 있는 애들 엄마가 알아서 하겠지'라고 생각한다면 아이의 인격은 반쪽밖에 되지 않을 것이다. 엄마와 아빠의 역할이 다르고, 보는 시각이 다르므로 서로 보완하는 역할이 필요하다.

'한 사람의 인격이란 그 자신이 만든 건축물이다'라고 미국의 조각가 루이스 네벨슨이 말했다. 기초 공사가 잘돼 있는 건물은 폭풍에 무너지지 않고 지진에도 버틸 수 있다. 기초 공사에 아빠의 역할이 절실히 필요하다.

PART 05

아이의 마음을 위로하는 10분 대화법

자녀와 공감하려면 첫째, 아이의 편을 들어줘야 한다. 아이가 친구나 선생님 등 다른 사람에 대해 나쁘게 말을 하더라도 "그런 말을 하면 안 돼", "그게 아니지"라며 잘못을 지적하거나 상대를 두둔하지 말고 우선 아이의 편을 들어줘야 마음속에 있는 말까지 더 편하게 할 수 있다. 잘못된 것은 그 이후에 해결하면 된다.

Part.05
아이의 마음을 위로하는 10분 대화법

고민 들어주는
아빠가 되자

존 그레이의 《일터로 간 화성 남자 금성 여자》에는 여러 종류의 상황에서 발생하는 남녀의 차이를 잘 표현하고 있다. 상대방을 위로하고 격려하고 지지해야 하는 경우, 같은 상황이라도 남자와 여자가 다르게 판단하고 또 다르게 대처한다는 것을 보여준다.

예를 들면 문제가 생겼을 때, 남자는 "해결책이 있을 때만 문제에 대해 이야기하고, 감정을 드러내는 것은 나약함의 증거로 여긴다"는 대목이 나온다. 만일 아이가 넘어져서 아파할 때 아빠들은 피가 나는지 안 나는지를 먼저 확인하고 피가 보이지 않으면 "괜찮네", "뭐 그 정도는 참을 수 있지"라며 대수롭지 않게 반응하는 것이다.

어릴 적 친구들과의 싸움을 떠올려보면 얼마만큼 상대를 때리고 제압하는지가 아니라 코피가 나오는 것의 유무에 따라 승패가 갈리는 경우가 종종 있었다. 그만큼 남자들의 기본 성향에는 감정을 드러내고 말하거나 감정에 치우치는 행동은 존중받지 못한다는 것이 뿌리 깊게 내재하여 있는 것 같다.

'고민을 해결해준다는 것!' 정말 힘들고 때론 위험한 일일수도 있다. 그렇다고 내 아이의 고민을 해결해줄 수 없는 아빠는 더더욱 안 될 말이다. 어떻게 하는 것이 아이의 마음을 다치지 않게 고민을 해결하고 위로하는 것일까? 우선 들어주는 것이 먼저다. 자신의 고민을 쉽게 말하는 사람은 드물다. 아이도 마찬가지다.

아이의 행동과 말하는 것을 평소와 비교해봤을 때 무언가 불만족스럽고 짜증이 나 있는 모습을 자주 보인다면 그것은 분명 고민이 있다는 증거이다. 그럴 때 다짜고짜 "너 무슨 고민 있니?", "왜 그래?", "네가 원하는 게 뭐야?" 등 아이의 달라진 모습을 탓하며 '돌직구'를 던지듯 질문하는 것은 옳지 않다.

나에게는 아이들과의 일상에서 가장 소중하게 지키는 원칙이 있다. 바로 아이 마음을 다치지 않게 하는 것이다. 아무리 아이의 성적과 학습 능력이 답답해도, 화가 나는 상황이 생겨도 아이의 마음을 다치지 않게 하는 것이 중요하다는 믿음이다.

공부에는 때가 있다. 그래서 부모들이 아이를 다그친다. 그 때를 놓칠까봐……. 하지만 늦게 학업에 열중해서 좋은 결과를 얻는 사람도 있다. 공부가 중요한 나머지 아이 마음에 상처를 주어서는 안 될 일이다. 어릴 때 넘어져 깨지고 터진 상처는 세월이 지나면서 사라지지만, 마음에 새겨진 상처는 트라우마(trauma)로 남아 평생 따라다니며 행동의 제약을 줄 뿐만 아니라 자신감을 떨어뜨린다.

아이의 고민을 어른의 눈으로 바라볼 것이 아니다. 고민이라는 것 자체가 지금 어찌할 수 없는 일에 대해 마음속으로 괴롭고 힘든 상태임을 잘 기억해야 할 것이다. 아빠들도 마음을 드러내고 고민을 말할 수 있는 친구는 그리 많지 않다. 또 그런 친구에게 고민을 털어놓으면 마음이 한결 가벼워짐을 느끼게 된다. 아이가 고민을 말할 수 있는 친구 같은 아빠가 되어주자.

친구 같은 아빠가 되려면 평소 아이의 생각과 주변 환경에 관심을 기울여야 한다. 평소에 아이와 집 주변을 산책한다거나 아이가 좋아하는 것을 같이 하면서 공감대를 형성해 두자. 아이가 말하기 어려운 고민을 그나마 수월하게 털어놓을 수 있을 것이다.

Part.05
아이의 마음을 위로하는 10분 대화법

'아빠 어릴 때'는
그만 하는 걸로

인터넷 커뮤니티 사이트 디시인사이드가 "2012년 최고의 유행어는?" 이라는 주제로 설문 조사를 한 적이 있다. 2012년 최고의 유행어로는 배우 장동건의 '걸로체'가 뽑혔다.

드라마 '신사의 품격'에서 장동건이 연기한 김도진은 "사양은 안 하는 걸로", "합의는 없는 걸로", "사과는 안 받는 걸로" 등의 말투로 드라마의 인기와 함께 말투도 유행어가 됐다. 많은 사람이 '걸로체'를 패러디했는데 "오늘 저녁은 회식하는 걸로", "야근은 안 하는 걸로", "이 정도면 잘한 걸로", "주말은 너희가 책임지는 걸로" 등 다양한 상황에서 '걸로체'를 사용하며 재미를 느꼈다.

이렇듯 유행어는 현실을 반영한 공감대를 형성하고, 재미가 있으며, 기억하기 쉽고 운율이 있어야 한다. 그런데 재미가 있어서 따라 하고 싶은 말투가 있는 반면에 따라 하면 이질감이 생기고, 재미도 없고, 짜증을 유발하는 말투도 있다. 아마 "아빠 어릴 때는 말이야"로 시작하는 말투가 그 중

하나라 생각된다.

아빠는 아이에게 자신의 어린 시절을 말하며 이런 말투를 쓴다. "아빠는 달리기를 잘해서 운동회 때 항상 1등을 했어", "아빠는 맞아본 적이 없어" 등 자기중심적인 착각과 아주 빈약한 근거라는 공통점이 있다. 아이의 마음을 위로하거나 노력하면 잘할 수 있다는 메시지를 줘야 할 아빠가 사용해서는 안 될 말투이다.

여기서 한술 더 떠서 "너는 아빠 닮아서 잘할 수 있어", "너는 아빠 닮아서 그것밖에 안 돼" 등 밑도 끝도 없는 말은 어떠한 경우에도 아이에게 도움이 되지 않는다. 그런데 부모들이 가장 많이 쓰는 말투 중에 하나라는 것이 문제이다.

나 역시 이런 말을 많이 썼었다. 몇 해 전 아이가 피아노를 배우길 바랄 때였다. 나와 아내는 둘 다 음악을 좋아했고 아내는 피아노를 잘 치고, 나도 기타를 조금 다룰 줄 안다. 그래서 피아노 배우는 것을 싫증 내는 아이에게 "너는 아빠, 엄마 닮아서 잘할 수 있어. 지금은 어렵지만 아빠 아들이잖아. 조금만 참아"라고 말하곤 했다. 그런데 아이는 결국 6개월을 넘기지 못하고 피아노를 그만두고 말았다. 본인이 하기 싫은 것을 계속하는 동안 아이는 힘들어했고 짜증을 자주 냈다.

지금 생각해 보면 '아빠 닮아서'란 아무 근거도 없는 말에 아이는 아무런 위로를 받지 못했고, 싫은 것을 계속시키려고 하는 아빠를 이해하지 못한 것 같다.

'아빠 어릴 적에는', '아빠 닮아서' 등의 말에는 나만 알고 있고 상대인 아이를 알지 못하는 일방적인 말투이다. '아빠는 잘했는데 너는 왜 그러니', '너는 왜 못하니?' 등의 의미를 담고 있기 때문이다. 이런 말투를 통해 아이에게 '아빠는 잘났다', '너는 아빠를 본받아야 한다', '그거 별거 아니야'라는 의미를 전달할지도 모른다. 아이의 고민이란 어른의 눈으로 보기에는 별것 아닌 것처럼 보일 수 있다. 그래서 아이에게 가볍게 접근하는 것인지도 모르겠다.

아이에게 고민이란 지금 상황에서 어찌할 수 없는 문제이다. 해결하기 쉽지 않은 것이 고민이다. 그래서 '아빠 어릴 적'으로 시작하는 무용담은 아이에게 '너는 아빠보다 못 났다'라고 인식시키는, 피해야 하는 말투이다.

> **Tip 역설적인 말로 아이 격려하기**
>
> 아이를 격려하기 위해 역설적인 말투를 써보자.
> "아빠 어릴 때보다 니가 더 잘하고 있어."
> "아빠는 생각지도 못한 것을 했구나."
> 아빠도 같은 고민 때문에 힘들어했던 얘기, 그래서 실수하거나 실패했던 얘기를 해보자. 그리고 어떻게 극복했는지를 구체적으로 말해주는 것이다.
> 이때는 빈약하더라도 근거를 말해주는 것이 좋다. 어디선가 들었던 얘기를 마치 아빠가 했던 것처럼 살짝 꾸며도 좋을 것 같다. 단, 너무 신격화하거나 신화처럼 만들지 않는다면 약간의 허풍은 아이에게 재미를 줄 수 있다. 중요한 것은 실패와 절망이 아니라 도전과 희망이니까!

Part.05
아이의 마음을 위로하는 10분 대화법

방법을 찾아가는
질문하기

고용노동부의 한국직업사전에 의하면 2012년 현재 우리나라에 존재하는 직업의 종류는 9,298개로 분류되어 있다고 한다.

"당신의 직업은 무엇입니까?"라고 물으면 9,298개 가운데 하나를 대답할 것이다. 그렇다면 "가정에서 당신의 직업은 무엇입니까?"라고 질문한다면 무엇이라고 대답하겠는가? 당황스러운 질문이 아닐 수 없다. 가정에서 나의 직업? 아마 아내에게는 '남편'이고, 아이들에게는 '아빠'가 직업 아닐까?

다양한 직업을 가진 사람이 자기 자리에서 제 역할을 다할 때 건강한 사회가 될 수 있듯이, 가정에서도 각자 맡은 역할에 충실해야 건강하고 행복한 가정이 될 수 있다.

'어린이가 바라는 부모의 모습은 무엇일까?'

어린이 채널 투니버스와 밀워드브라운 미디어리서치가 발표한 《2012 대한민국 어린이 백서》에 따르면 어린이가 바라는 부모상에는 '친구처럼

==나와 놀아주는 분'이란 답이 42%로 1위를 차지했고, '나에게 칭찬과 격려를 해주시는 분'은 21%로 2위에 올랐다.== 또 어린이의 최대 고민을 묻는 말에 '친구들과 놀 시간이 부족함'이라고 답한 어린이가 28%로 가장 많았고, '공부·성적 고민'이 27%로 뒤를 이었다.

두 가지의 대답을 조합하면, 친구처럼 고민을 편안하게 얘기할 수 있는 다정한 부모를 아이들이 원한다고 볼 수도 있을 것이다. 그것이 아빠와 엄마의 역할 중 하나라고 생각한다.

아이와 고민에 대한 대화를 할 때 아빠가 특히 조심해야 할 점은 서론을 빼고 단도직입적으로 질문하는 것이다. 추궁하듯이 하는 질문은 고민을 해결하려는 것이 목적이 아니라 본인의 궁금증을 해소하는 것이 목적인 셈이다. 말하기 힘든 것이 고민인데, 다짜고짜 "너 왜 그래", "너 무슨 고민 있니?"라고 물어보면 어느 누가 "네, 저 고민 있어요"라고 대답할 수 있겠는가?

우선 대화하고 싶은 마음이 들게끔 편안한 접근법이 필요하다. 아이의 표정, 태도, 눈빛을 파악한 후 예를 들어 "우리 ○○가 표정이 좋지 않네. 용돈이 떨어졌나?" 또는 "우리 ○○가 어깨가 축 처진 것이 기분이 별로인 것 같네. 아빠에게만 이유를 살짝 말해줄 수 있을까?" 등 '고민' 또는 '무슨 일'이란 단어를 직접 사용하지 않고 접근하는 것이 효과가 있다.

두 번째, 질문은 간단하게 하되 대답이 '예', '아니오'로 나오는 질문을 피해야 한다. 만약 아이에게 "알았어, 몰랐어?", "잘했다고 생각해? 못했다고 생각해?"라는 식으로 질문한다면 대답으로 '예' 혹은 '아니오'가 나올 수밖에 없다. 또는 아이에게 나올 대답은 뻔하다. 더 이상 대화하기 싫을 것이다. 그래서 건성으로 그 순간을 넘기기 위해 대답할 가능성이 높다.

아이의 생각을 묻는 말로 바꿔야 한다. "그 일은 왜 생겨난 거니?", "어떻게 그런 행동을 하게 됐지?"처럼 아이의 생각과 의견을 말할 수 있는 질문이어야 한다.

세 번째, 아이가 무엇을 어떻게 해야 하는지 해답을 찾을 수 있도록 안내자 역할을 해야 한다. 질문과 대답이 반복되면서 어떤 방향으로 질문이 이어져야 하는지를 아빠는 판단하며 질문을 이어간다. 질문의 형태도 두 번째와 같은 유형으로 하면 된다. "그런 행동을 한 후에 친구가 뭐라고 했어?", "좋지 않았구나. 그럼 어떤 행동을 하는 것이 좋을까?"처럼 이야기의 흐름을 이어가면서 역시 아이가 생각과 의견을 솔직히 말할 수 있도록 한다.

물론 대답할 시간을 충분히 줘야 한다. 그렇지 않으면 대화가 방향을 잃게 되고 반복될 수도 있다. 원하는 방향으로 대화가 진행된다면 아이가 해결 방법에 접근하게 될 것이다. 아이가 직접 방법을 찾으면 스스로 행동으로 실천할 확률도 높다.

네 번째, 한 번에 해결되지 않는다는 점을 기억한다. 어렵게 아이와 대화하며 좋은 실천방법을 찾았지만 실제로는 뜻대로 되지 않는 경우가 많다. 어른들도 이런 부분이 맘대로 되지 않아서 힘든데, 아이가 한 번에 해결한다는 것은 부모의 과한 욕심이다. 내 아이는 '미션 임파서블'의 주인공 '에단 헌트'가 아니라 현실의 '톰 크루즈'니까.

방법은 또 찾으면 된다. 다시 찾게 되면 처음보다 대화 시간이 훨씬 짧아지고 수월하게 진행될 것이다. 중요한 것은 아이가 아빠와 함께했다는 동질감과 즐거움, 편안함을 느끼게 된 점이다.

Part.05
아이의 마음을 위로하는 10분 대화법

마음 공감이
치유의 출발이다

　18대 대선의 TV 찬조연설에서 사람들을 울렸던 연설이 있었다. 지지 정당을 떠나 많은 사람에게 감동을 안겨준 연설은 정신과 전문의 정혜신 박사의 연설이었다. 쌍용자동차 해고자와 그 가족들의 치유를 돕는 '와락 센터'에 참여하고 있는 정혜신 박사의 연설 내용은 SNS에서 지속적으로 공유되며 누리꾼들의 공감을 얻었다. 그는 "사람의 마음을 공감하는 일은 치유가 절박한 시대를 이끌어야 할 리더에게 필수적인 자질"이라며 "공감은 소통의 출발점이고, 공감은 치유의 출발점이다"라며 공감의 중요성을 강조했다.
　우리는 아이와 얼마나 공감하고 있는가? 우리는 아이의 고민을 '성적과 상관없는 것', '공부에 방해되는 것'으로 구별하여 별것 아닌 일로 치부해 버리기 일쑤다. 사실 우리 어릴 적에도 이와 비슷한 경험들이 있지만 그때는 그 고민이 공부보다 성적보다 더 중요했었다. 고민만 없으면 공부가 저절로 잘될 것 같은 생각이었다. 또 열심히 공부하다가 잠깐 딴짓을 하면 어떻게 그 순간을 놓치지 않고 포착하는지 신기하기만 했었다. 그리고 계속 공부 안 하고 딴짓만 한 것이 되어 정말 억울해한 경험도 있을 것이다. 이렇듯 아이들과 공감할 수 있는 경험이 많음에도 아이의 마음을 이해하는 데 소홀했던 것이 사실이다.

'대화가 없는 가정이 늘어나고 있다'는 내용의 신문기사에서 서울의 모 초등학교 학생의 일기를 일부 인용한 것을 읽은 적이 있다. "엄마가 공부하라고 또 소리를 지른다. 온종일 학원에 있다 집에 와서 잠깐 컴퓨터를 한 것뿐인데 알지도 못하면서 또 잔소리다. 내가 뭐가 힘든지 뭘 하고 싶은지는 관심도 없고 묻지도 않는다. 아빠는 얼굴 보기도 어렵다. 친구들이 엄마 아빠를 욕할 때마다 난 안 그러려고 했는데 이제는 같이 욕하고 싶다"라는 내용이었다. 그래서 아이들은 고민이 있어도 부모에게 말하지 않나 보다.

교육과학기술부가 2012년 7월 실시한 인성교육 실태조사에서 학생들에게 고민 상담 상대를 물었는데 친구(43.1%), 부모(30.1%), 혼자(18.2%), 교사(2.8%) 순으로 나타났다. 부모도 엄마가 대부분을 차지한다. 아빠는 얼굴 보기도 힘든 세상이니 고민을 얘기한다는 것은 가뭄에 콩 나는 것보다 더 어려울 것이다.

나는 아침을 간단히 먹더라도 아이들과 함께하려 한다. 그런데 하루는 힘들게 일어나서 축 처진 어깨를 하고 식탁에 앉은 첫째 규환이가 투덜거리기 시작했다.

"요새 너무 힘들고 짜증 나요"라고 하며 얼굴까지 찡그렸다.

"뭐가 그렇게 규환이를 짜증 나게 했어?"

"아~ 요즘 단원평가를 너무 자주 하니까, 짜증 나고 놀지도 못하고……."

"그렇구나, 단원평가를 자주 해서 그렇구나!"

"네, 오늘도 보고, 다음 주에 또 본대요."

"그래, 자주 보기는 하네. 그래서 힘든 건 뭔데?"

"숙제도 해야 하고, 단원평가 공부도 해야 하고……너무 피곤해요."

"그렇구나, 정말 피곤하겠다."

이런 대화가 계속 오가며 그날의 아침 식사는 마무리됐다. 어떤 결론도 없었다. 어떤 가르침도, 교훈도, 이해시키려는 말도 없었다. 그냥 아이의 고민을 들어준 것뿐이었다.

앞서 정혜신 박사의 말처럼 '공감은 소통의 출발이고, 치유의 출발'이다. 아이와 공감할 수 있다면 아이의 고민을 치유할 수도 있다.

자녀와 공감하려면 첫째, 아이의 편을 들어줘야 한다. 아이가 친구나 선생님 등 다른 사람에 대해 나쁘게 말을 하더라도 "그런 말을 하면 안 돼", "그게 아니지"라며 잘못을 지적하거나 상대를 두둔하지 말고 우선 아이의 편을 들어줘야 마음속에 있는 말까지 더 편하게 할 수 있다. 잘못된 것은 그 이후에 해결하면 된다.

둘째, 고민을 말하는 아이와 같은 표정을 지어라. 상대의 표정을 따라 하면 같은 감정을 느낄 수 있다고 한다. 표정이 같다는 것은 같은 감정을 느끼게 되고, 공감한다는 것이다.

고민은 털어놓는 순간 그 크기는 작아진다. 아이는 자신의 고민을 들어주고 공감해주는 아빠를 '언제나 내 편'이라고 생각할 것이다.

> **Tip** **공감하는 한마디 '그렇구나~'**

2006 독일월드컵 MBC 중계방송의 인기 주역은 김성주 아나운서다. 물론 차범근 부자의 역할을 빼놓을 수는 없다.

스포츠 캐스터 역할에서 김성주 아나운서와 다른 캐스터를 비교해보면 '그렇죠' vs '그렇군요' 이 두 단어를 어떻게 구사하느냐의 차이가 나타난다.

다른 캐스터의 "그렇죠": 해설자의 경기 분석에 대해 '나도 알고 있다' 라는 느낌이다.
김성주 아나운서의 "그렇군요": 모르던 내용을 말해줘서 '나도 이제 알게 됐다' 라는 느낌을 준다.

아이의 고민을 들어줄 때 '그러면 그렇지' 보다는 '그렇구나' 라며 동조해주는 것이 훨씬 효과가 있다.

Part.05
아이의 마음을 위로하는 10분 대화법

아이 상처를
가볍게 보지 마라

아이는 성장하는 과정에서
부모와의 관계를 통해 상처를 입게 된다.
부모가 마음의 상처를 입는다면 그것은
무의식중에 아이의 상처가 되어버린다.
'상처 입은 아이'란 상처받은 부모 아래에서 성장한 아이를 말한다.
– 요시모토 다카아키의 《내 안의 행복》 중에서

경제가 어렵고 살기가 빠듯하다 보니 어른들의 마음에 여유가 없다. 집에 들어가도 특별한 것 없이 하루하루가 그저 반복될 뿐이다. 특히 피곤하고 고단한 하루를 보낸 맞벌이 부부는 그 피곤하고 고단함은 자칫 신경질과 짜증으로 변해 아이들에게 쏟아낼 가능성도 있다.

저녁 식사를 준비하는 엄마는 밥상이 부실해질 수밖에 없을 것이고, 마주앉은 아빠의 표정은 부실한 밥상에 짜증을 부릴 가능성이 짙다. 그것을 지켜보는 아이들은 좌불안석일 것이다.

그런 상황에도 아이들은 보고 싶었던 아빠, 엄마에게 하고 싶은 얘기가 있을 수 있다. 자랑하고 싶은 일도 있고, 힘들었던 일도 있을 것이다. 낮에 있었던 작은 실수로 어딘가 다쳐서 상처가 생겼을 수도 있다.

그런 경우 부모들은 대수롭지 않은 일로 피곤한 부모에게 말을 건다고 아이들에게 더 짜증을 부리게 될 수 있다. 이런 상황에서 아이들은 몸에 난 상처보다 마음에 더 큰 상처를 입게 될 것이 분명하다. 아이들은 관심 받고 싶어서 아빠, 엄마에게 말을 건넨 것뿐인데 반응은 처참한 상처로 남는다.

저학년에서 고학년으로 올라가면 부모들의 관심사에도 차이가 생긴다. 주로 성적과 공부로 관심이 집중되며 자연스레 아이들의 신체적, 정신적 아픔에 대한 관심이 줄어든다. 몸에 난 상처는 시간이 지나면 아물겠지만 마음에 생긴 상처는 시간이 지나도 쉽게 아물지 않는다. 힘들고 바쁜 생활로 여유가 없어진 부모 때문에 아이에게 상처를 준 셈이다.

각박한 생활 속에서 마음의 여유를 갖는다는 것, 정말 쉽지 않은 일이다. 하지만 우리가 사랑스러운 아이를 위해서 해야 할 일은 집으로 들어가는 순간 변신을 해야 한다는 것이다. 영화 '초록 물고기'의 공중전화 부스 장면에서 보여준 한석규의 2단 변신 연기처럼 아니면 드라마 '뿌리 깊은 나무'에서 세종이 밀본 하수인 윤평을 직접 추국할 때 '한석규 3단 폭풍 열연' 같은 최고의 명장면으로 꼽히는 변신은 아닐지라도 잠시만 걸음을 멈추고 변신을 시도해보면 어떨까?

요즘 둘째 윤환이가 토요일이면 축구를 배우러 간다. 또래 아이들 30여

명이 함께 드리블, 패스 등 기본기를 배우며 두 팀으로 나눠서 경기하기도 한다. 토요일이라 함께 온 아빠, 엄마도 스탠드에 앉아 응원을 하고, 감독으로 빙의 된 열혈 팬들도 보인다.

한 번은 축구화에 유니폼까지 제대로 차려입은 아이가 열심히 뛰어다니다 자꾸 뒤로 물러서더니 어딘지 불편해하는 것이었다. 그 아이 아빠는 왜 그러냐고 물었고, 아이는 옆구리를 가리키며 힘들어했다. 아마 공을 쫓다가 다친 것 같았다. 아빠는 "참고 뛰어. 그 정도는 별것 아니야"라며 아이의 등을 떠밀어 다시 경기장으로 보냈다.

그런데 아이의 반응은 나아지지 않았고, 아빠는 다시 경기장 밖으로 아이를 불러냈다. 아빠는 화를 심하게 참고 있는 표정으로 아이에게 "다시 뛰든지, 아니면 그만둬!"라며 화를 냈다. 아이는 자꾸 아픈 곳을 가리키며 힘들어했다. 결국 아빠가 앞서 갔고 아이는 축 처진 어깨를 하고 뒤를 따라가고 말았다.

그 모습을 보며 많은 생각을 했다. 어떻게 하는 것이 진정 아이의 아픔을 보듬어주면서 축구도 열심히 하게 만드는 것일까 하고 말이다.

아이는 축구 경기를 하며 멋진 축구화와 유니폼에 맞는 활약을 보여주고 싶었을 것이다. 그런데 생각대로 되지 않아 마음이 매우 속상했을 것이다. 부모는 종종 부주의와 욕심으로 아이들에게 상처를 주곤 한다. 마음에 여유가 없을수록 아이를 더 채근하는 것 같다.

나 역시 피곤함에 지친 몸으로 퇴근하는 날이면 현관문에서 나를 반겨주는 아이들의 밝은 표정에 아이들만큼 밝게 대하지 못하는 것이 미안할 따름이다. 그래서 힘을 내어 한석규처럼 변신한다. 아이들을 사랑하는 만큼 기쁘게 아이들을 대하는 변신. 아이들 덕분에 자연스럽게 변신을 하는 셈이다. 아직은 완벽하게 변신하지 못하지만 괜찮다. 나는 아마추어 배우니까!

> **Tip 아이와 공감하는 추임새와 반복법**

아이가 아파할 때, 아빠도 마음이 아프다는 것을 전해라. 아빠도 아이와 함께 아파하고 있음을 느끼게 하는 말을 소개하면 다음과 같다.

- **'추임새'를 활용한다.**

아이의 마음을 인정하는 것이다. "그래, 무릎이 아프구나", "상처 때문에 아파서 울었구나" 등 부모의 판단은 잠시 접어두고, 눈으로 확인한 사실만을 근거로 추임새를 넣는다.

- **반복하기**

아이가 하는 말을 반복하며, 아이의 생각에 동조한다.
"친구가 너한테 바보라고 했다고, 그래서 화가 났구나", "형만 게임하고 너는 안 시켜줬다고, 그래서 소리 지른 거야?" 처럼 아이가 한 말을 되짚어주고 아이의 상태를 언급해준다.

아이의 학교생활을
점검하라

한국교육개발원의 '2011년 학부모의 자녀교육 및 학교 참여 실태조사 연구'에 따르면 전국 초·중·고생 학부모 1,538명 가운데 477명(31%)은 한 학기에 담임교사와 '단 한 번도 면담한 적이 없다'고 응답했다. 1회(47.5%)가 가장 많았고, 2회(15.9%), 3회(3.5%), 5회 이상(1.4%)의 순이었다.

대화가 부족한 것은 비단 부모와 아이들만의 문제가 아니다. 아이들이 클수록 학교에서 보내는 시간이 점점 많아지므로 학교 선생님과 부모 간에도 소통이 필요하다. 이를 통해 아이의 학교생활을 미리 점검해 두는 일이 필요하다. 요즘처럼 학교에서 불미스러운 일이 자주 일어나는 때에 그런 상황에 아이를 혼자 두어서는 안 될 일이다.

학교 선생님과 대화할 때는 예의를 지켜야 한다. 선생님도 교육 현실이 버겁기는 마찬가지다. 과거와 달리 학교를 떠나고 싶다며 명예퇴직을 신청하는 사례가 많다는 신문 기사는 참 씁쓸하다. 부모와 선생님 그리고 아이가 모두 대화를 통해 원활한 소통을 이루어야 한다. 문제가 발생했을 때

자료 : 한국교육개발원

어느 한 쪽의 말에 의존해서도 안 된다. 누구의 잘못이라고 돌려서도 안 된다. 아이들의 행동에는 분명한 이유와 원인이 존재하기 때문이다.

부모는 대화를 통해 아이의 학교생활을 자주 점검할 필요가 있다. 내가 모르는 사이에 아이가 학교생활에서 상처받고 있는 것은 아닌지 주의를 기울여야 한다. 요즘 대세인 '힐링'은 어른들만 필요한 것이 아니다.

"평소 대화를 자주 했는데 별문제를 느끼지 못했어요."

"아이가 힘들어하긴 했는데 이 정도일 줄은 몰랐어요."

한 인터뷰에서 이렇게 말하는 부모들을 본 적이 있다. 우리 아빠들은 무슨 대화를 어떻게 하고 있는가? 내 아이에 대해 알고 있기나 한가? 나 역시 이런 질책에서 벗어날 수 없음을 시인한다.

학교생활에 대해 물을 때 친구를 빗대어 질문하면 아이의 생각을 좀 더 잘 읽을 수 있다. 아이와 친한 친구의 이름을 대며 "요즘 친구 ○○하고 뭐하며 노는 게 재미있어?" 또는 "농구 배울 때 요즘은 어떤 것을 배우니?"처럼 일상적인 것을 물어보며 친구들과 어떻게 생활하고 있는지 살펴보는 것이다. 그러다 아이가 마음을 열면 학교생활이나 친구들과의 관계에서 불편하거나 고민이 있는지 유도하면 좀 더 깊이 있는 대화로 이어질 수 있다.

"학교에서 친구들과 잘 지내니?", "학원에선 잘 배우고 있어?"처럼 물어보면 당연히 "네" 또는 "아니오"라고 대답할 것이다. 그리고 아빠들은 아이와 대화를 했다고 생각하겠지만 이것은 진정한 대화가 아니다.

대화를 자주 하고 길게 한다고 해서 소통이 잘 되는 것은 아니다. 짧지만 반복적으로 대화하고, 거기에 약간의 깊이를 더 한다면 최상의 방법일 것이다. 10분은 짧지만 방법을 알고 적절히 사용하면 효율적인 대화 시간이 될 것이다.

Part.05
아이의 마음을 위로하는 10분 대화법

I-message로
서로의 감정 전달하기

KBS 개그 콘서트의 인기 코너 중에 '감수성(感受性)'이 있었다. 각자의 캐릭터가 안고 있는 마음의 상처와 그것과 조금이라도 관련된 말이 나오면 음악과 함께 분위기는 반전된다. 그 인물이 아픈 속내를 참는 것이 아니라 밖으로 자신의 감정을 적극 표현한다. 그러면 생각 없이 말한 사람은 '미안하다', '아~그랬구나', '아! 그렇지, 깜빡했다' 등의 말로 본인의 잘못을 시인하며 서로 인정한다.

예로부터 우리나라 사람들은 화를 참아야 하고, 숨겨야 하고, 삭여야 했다. 아버지를 아버지라 부르지 못한 것뿐만 아니라 자신의 감정도 있는 그대로 표현하는 것을 소인배로 취급했었다. 그렇다면 현대를 사는 우리는 얼마만큼 자신의 감정을 잘 표현하고 있는가?

최근 미국 여론조사기관 갤럽이 지난 2009~2011년 151개국 국민(국가당 15세 이상 1,000명씩)을 대상으로 일상생활에서 느끼는 감정 표현 정도를 측정한 결과를 발표했다. 세계에서 매일매일 희로애락(喜怒哀樂)을 가장 잘 표현하는 국민은 필리핀인이고, 가장 무뚝뚝한 국민은 싱가포르인으로 조사됐다. 감정 표현을 잘 하지 않는 기준으로 보면 한국인은 21위, 중국인은 60위, 일본인은 80위, 미국인 137위였다.

우리나라 국민의 40% 정도만 '매일 긍정 또는 부정적인 감정을 표현한다'고 응답한 것이다. 감정 표현을 가장 못 하는 싱가포르는 36%만이 표현한다고 한 것을 보면 우리나라 사람과 겨우 4% 정도의 차이다.

리셴룽(李顯龍) 싱가포르 총리는 자녀를 특별하게 키우려고 노력을 기울이는 학부모들에게 행한 연설에서 "우리 아이들이 어린 시절을 보내도록 합시다. 숙제가 없는 게 나쁜 게 아닙니다"라고 강조하는 등 사회가 좀 더 자유분방해지기를 희망한다고 전했다.

아이들이 남과 다르게 행동하지 말라고 배우게 되면 자신의 감정을 표현하는 것을 주저한다. 감정은 삭이는 것이 아니라 상대방에게 정확히 표현해야 마음의 병이 생기지 않는다. 세계의학사전에 '화병(火病)'이 'Hwa-Byung'이라는 이름으로 우리가 말하는 그대로 등재되어 있다. 미국 정신의학회에서는 화병을 문화 관련 증후군이라며, 동양문화권 그것도 한국이라는 나라에서 유독 많이 발생하는 질병으로 규정하고 있다. 참고 삭이는 것이 우리의 문화였다는 것이다. 그래서인지 최근에 '감정 노동', '힐링'이 화두로 떠오르고 있다. 그만큼 감정을 억누르고 사는 것이 얼마나 힘든 것인지를 증명하는 것이다.

감정은 누르고 다스리는 것이 아니라 잘 표현하는 것이 중요하다. 화가 나면 '나 화가 난다'고 표현하고, '슬프면' 슬프다고 표현해야 한다. 그러나 자신의 감정을 표현하는 것 때문에 다른 사람의 감정을 다치게 해서는 안 된다. 이럴 때 활용할 수 있는 것이 바로 'I-message'와 'You-message'를 통해 전달하는 화법이다.

먼저 'You-message'는 어떤 결과에 대해 상대방을 비난하는 방식으로 표현하는 것이다. 예를 들면 "너는 하는 일이 왜 그 모양이야?", "넌 항상 그런 식이지", "너는 뭐가 되려고 그러니"처럼 말하는 것이다. 'You-message'로 아이에게 말을 하면 아이를 질책하고 비난하며 부정적인 감정을 느끼게 하므로 아빠를 멀리하게 될 것이다.

'I-message'는 특정 사안에 대한 나의 기분, 생각, 느낌을 '나'를 주어로 표현하는 것이다. 예를 들면 "네가 실수한 것을 보니 아빠 마음이 좋지 않구나. 다음엔 더 잘해보자", "네가 그런 식으로 행동하니 내가 속상하구나" 등으로 표현할 수 있다. 'I-message'는 아이의 자존심을 상하지 않게 하면서 아빠의 감정을 전달하는 아주 유용한 방법이다.

버럭 화를 내고 후회하지 말고, 한 박자 쉬고 난 후에 아이의 표정을 보며 말해보자. 그리고 아이의 감정도 어른의 눈으로 판단해서 무시하지 말고 잘 듣고 공감을 표현한다면 아이의 감성은 있는 그대로 아이의 마음에 있을 것이다.

감정은 표현하는 것이다.

PART
06

긍정적인 아이로 키우는
10분 대화법

탈리 섀롯 교수는 "낙관주의가 스트레스를 줄여 건강에 도움이 되는 것뿐 아니라
뇌에 각인되면서 신대륙 발견이나 전기 발명 같은 기막힌 모험을 감행케 했다"고 주장했다.
긍정적인 아이로 키우려면 긍정적인 생각을 하는 아이가 되어야 한다.
긍정적인 생각을 하기 위해서는 긍정적인 언어 습관을 지녀야 한다

Part.06
긍정적인 아이로 키우는 10분 대화법

행복해서 웃는 게 아니라
웃어서 행복하다?

언어의 역할은 단순한 의사소통의 수단뿐만 아니라 어떤 언어를 많이 사용하는가에 따라 그 사람이 어떤 유형의 사람인지 판단할 수 있는 근거가 된다. 말하는 습관을 보면 그 사람이 어떤 생각을 하고 있는지, 어떤 마음을 가졌는지를 알 수 있기 때문이다. 생각이 언어의 차이를 낳고, 반대로 어떤 언어를 쓰느냐에 따라 생각도 바뀔 수 있다고 한다. 그래서 언어를 인간 그 자체라고 부르는 것이다.

상황을 객관적으로 보는 것보다 긍정적으로 인식하는 것이 더 좋은 결과를 가져온다는 사실이 여러 방면에서 과학적으로 증명되고 있다.

영국 UCL(University College London) 대학의 탈리 섀롯 교수는 "낙관주의가 스트레스를 줄여 건강에 도움이 되는 것뿐 아니라 진화를 통해 뇌에 각인되면서 신대륙 발견이나 전기 발명 같은 기막힌 모험을 감행케 했다"고 타임지의 칼럼을 통해 주장했다.

이로써 '행복해서 웃는 게 아니라 웃어서 행복하다'는 말이 가능한 것이다. 긍정적인 아이로 키우려면 긍정적인 생각을 하는 아이가 되어야 한다. 긍정적인 생각을 하기 위해서는 긍정적인 언어 습관을 지녀야 한다는 결론에 이를 수 있다.

그런데 요즘 사회 전반적인 분위기가 너무 어렵다고 하고, 경쟁도 치열하다 보니 긍정적인 언어 습관을 갖기가 그리 쉽지는 않은 것 같다. 대학에 면접 컨설팅을 하다 보면 학생들에게서 공통으로 나타나는 문제점 중의 하나가 자신을 너무 겸손하게 표현하는 경우가 많다는 점이다.

"저의 성격은 약간 소심한 편입니다."

"제가 아는 것은 별로 없어도……."

자신을 당당하게 소개해야 하는 자리인 면접에서 자기를 부정적인 단어로 표현한다. 이런 식으로 자신을 표현하는 면접자를 좋은 인상으로 생각할 면접관은 아마 없을 것이다. 그래서 학생들에게 부정적인 느낌을 주는 단어를 다른 단어로 바꿔보라고 조언을 해준다. 예를 들어 '소심함'은 '세심함'으로, '아는 것은 별로 없어도'는 '제가 아는 것 중에' 등으로 바꿔보라고 하면 학생들은 입가에 자연스럽게 미소를 지으며 표정도 밝아진다.

부정적인 말은 부정적인 생각과 판단을 하게 만든다. 긍정적인 사람이 되려면 긍정적인 생각을 할 수 있게 만들면 된다. 그래야 긍정적인 사람이 될 수 있다. 그 긍정의 힘이 가진 영향력에 대해서는 더 이상 말이 필요치 않다는 것을 우리는 알고 있다.

'스쿨 오브 락'이라는 영화가 있다. 가난뱅이 로커인 주인공이 우연히 초등학교에 대리교사로 취직한다. 학생들의 뛰어난 음악 실력을 발견한

그는 학생들과 함께 락 밴드 경연대회에 참가하기 위해 교장의 눈을 피해 몰래 연습을 한다. 오디션을 보기 직전 코러스를 맡은 '토미카'라는 여자아이가 갑자기 노래를 못 부르겠다고 하는 것이다. 토미카는 자신이 뚱뚱하다는 콤플렉스 때문에 남들이 비웃을 거라며 노래를 못하겠다는 것이었다. 당혹스러운 상황에서 주인공은 차분하게 토미카와 대화를 나눈다.

"토미카, 넌 모두가 부러워하는 재능을 가지고 있어. 넌 타고난 가수야! 넌 놀랄만한 목소리를 가졌어. 괜히 하는 소리가 아니야. 아레사 프랭클린 노래 들어봤지? 그 여자도 엄청 뚱보잖아. 하지만 그녀가 노랠 하면 사람들은 그 노래에 빠져든단다. 모두가 그녀와 파티를 함께하고 싶어 하지! 그리고 몸무게 때문에 고민하는 사람이 또 누군 줄 알아? 바로 나야. 난 먹는 게 너무 좋아. 그게 그렇게 죄가 되나? 하지만 요점은 그게 아니지. 중요한 건 넌 '록 스타'란 사실이야. 넌 열정을 가지고 노래만 부르면 돼. 단언하건대 사람들이 아마 너한테 반할 거야. 사람들에게 너의 재능을 보여주자. 자 어때?"

이다음에 벌어진 상황은 설명하지 않아도 알 수 있을 것이다. ==자신감을 잃은 아이에게 우리는 용기를 주는 방법을 배워야 한다.== 긴박한 상황에서 이런 일을 당했을 때 영화처럼 할 수 있을까? ==="네가 그러면 그렇지", "이제 와서 무슨 말이야"=== 등의 말로 아이의 자신감을 ==바닥으로 떨어뜨리지만 않아도 다행이지 싶다.==

이 장에서는 긍정적인 표현은 어떻게 하는 것인지, 칭찬은 물론 긍정적으로 꾸중하는 요령 그리고 긍정적인 생각을 하게 만드는 방법을 소개한다.

Part.06
긍정적인 아이로 키우는 10분 대화법

남과의 비교가
불행으로 가는 지름길이다

우리나라 어린이와 청소년이 느끼는 주관적 행복지수는 어느 정도나 될까?

한국방정환재단과 연세대학교 사회발전연구소가 전국 초등학교 4학년에서 고등학교 3학년까지 학생을 대상으로 벌인 '2012 한국 어린이·청소년 행복지수 국제 비교'에 관한 조사에서 경제협력개발기구(OECD) 23개국 가운데 꼴찌를 했다. 그것도 4년 연속 꼴찌를 기록했다. 2009년 64.3점, 2010년 65.1점, 2011년 65.98점, 2012년 69.29점으로 4년 연속 최하위에 머무른 것이다. 가장 높은 스페인 114.92점, 2위 그리스 113.33점, 10위 미국 102.72점과 비교해 보면 점수 차이가 엄청나다.

반면에 교육 성취도를 측정하는 '교육'(133.85점)과 생활방식 분야인 '행동과 생활양식'(128.42점)은 각각 1위를 차지했다. 교육 성취도는 1위! 행복지수는 꼴찌! 교육으로 행복하지 않다는 해석이 가능한 것이다.

우리나라의 교육열은 오바마 대통령도 예를 들 정도로 세계가 인정하는 분야다. 그런데 우리의 교육열이 지향하는 방향은 '공부 잘하는 아이'를 만들기 위한 교육열이기에 세계가 인정하는 이 분야가 결코 자랑거리만은 아니다. 교육이 학생의 성적을 올리기 위해서만 존재하는 것이 현실이 되었다.

'공부 잘하는 아이는 뭘 해도 예쁘다'는 말을 하는 교사도 있다고 어느 칼럼에서 읽은 적이 있다. 아이들이 잘못하는 모습을 보면 "가정교육을 어떻게 해서 저 모양이야", "학교에서는 애들한테 뭘 가르치는 거야"라는 말을 한다.

조금 이율배반적인 어른들만의 처지가 아닐까? 이런 말을 하는 어른들이 학교 다니는 아이를 만나면 가장 많이 하는 말이 "공부 잘하니?", "몇 등이나 해?"라고 물으면서 말이다. 이런 교육열은 아이가 태어나면서부터 시작하는 것 같다. 갓난아기가 걸음마를 하더라도 "또래보다 빨라요"라며 자랑한다. 아이가 옹알이를 할 때도 주변 사람들을 주~욱 스캔하며 누가 보고 있으면 "얘가 벌써 이런 걸 하네" 하며 살며시 웃는다. 아이가 뭔가 잘하는 것만 보면 "다른 애들보다……"로 이어진다.

이렇게 자랑을 일삼다가 공부와 관련된 조기 교육이 시작되면 남모르게 아이를 잡기 시작한다. "너는 왜 ○○이 보다 못하니?", "머리가 나쁜 거니, 왜 그러니!", "다른 애들은 학원에 안 가도 잘만 하더라" 등 아이가 뭔가 하고 싶은 마음이 들다가도 한순간에 포기하게 하는 절묘한 말이 쏟아져 나온다. "뭐가 문제야? 얘기 좀 해봐"라고 하는데 내가 보기에 말하는 부모가 문제의 핵심이다.

사람마다 타고나는 재능이 다르고 좋아하는 것이 다른데 모든 것의 판단은 '다른 애들 보다'가 기준이 된 것 같다. 내 아이는 안중에 없다. 내 아이의 타고난 소질이 성적과 관련이 없으면 소용이 없다.

TV에서 어린아이가 춤을 잘 추고 좋아해서 '스타킹' 같은 프로그램에 나와 실력을 뽐내는 장면을 보면서 "너는 저렇게 할 수 있겠어?"라며 감탄을 하다가도 "애한테 저런 걸 벌써 시키는지 알 수가 없어"라며 평가절하하며 옆에 있는 아이에게 이렇게 말한다.

"넌 그냥 공부만 열심히 하면 돼."

우리 교육열은 '성적'과 '남들보다 앞선'을 목표로 만들어진 것 같다는 생각이 든다. 남과 비교하면서 자란 아이는 자신감을 키울 수 없다. 자기 자신을 가치 있는 존재라고 생각해야 자신감이 생기기 때문이다.

성공한 사람들이 공통으로 하는 말이 "자기 자신과의 싸움이 가장 힘들었다"고 한다. 우리 아이들은 자기 자신과 싸움을 하기 위해 자신감을 키워야 할 시기에 남과 비교당하면서 존재감마저 상실하고 있는 것이다.

모든 것의 기준은 나, 바로 자신이다. 아이가 '왜 못하는가'를 생각하지 말고, '어떻게 하면 잘할 수 있을까?'를 고민해야 한다. 아이를 끌고 가는 것이 아니라 아이가 스스로 가게 해야 한다. 그러려면 시간이 필요하다. 인생은 길다. 아빠들은 냉혹한 사회생활에서 끌려가는 것보다 이끌고 가는 것이 더 좋은 결과를 얻을 수 있다는 것을 몸소 겪고 있지 않은가.

작은 것부터 할 수 있다는 만족감에서 자신감이 생겨날 것이다. 자신감은 해보려는 긍정의 에너지를 갖게 할 것이다.

자존심을 키울 것인가? 오기를 키울 것인가?

간혹 아빠들이 아이를 자극하여 더 잘 할 수 있게 만들려고 약 올리듯 이런 말을 한다.
"○○이 너는 이거 잘 못하는구나!"
"○○이는 이거 못 먹지?"
"잘할 수 있겠어?"
다양한 상황에서 가볍게 또는 장난으로 이런 표현을 하는 경우가 있다. 아이 자존심을 건드려서 오기를 발동시키려는 의도는 알겠지만, 문제는 아이가 그 상황을 어떻게 받아들일지에 달려 있다.
오기를 키우려고 했는데 아이가 진짜 못한다고 해서 난감한 상황이 연출될 수 있다. 상황을 잘 판단해서 활용해야 한다. 잘하면 득이 되고, 못하면 독이 될 수 있는 말이기 때문이다.

Part.06
긍정적인 아이로 키우는 10분 대화법

단점을 지적할 때도
요령이 필요하다

'좋은 말도 세 번만 하면 듣기 싫다'는 속담이 있다. 아무리 좋은 얘기라도 자주 들으면 지루하고 싫증이 난다. 하물며 듣기 싫은 말을 자주 듣는다면 어떻게 될까? 기분은 두말할 것 없이 최악일 것이고, 아무리 부모라 해도 아이들은 항변할 것이다.

하지만 "잘못된 것은 잘못했다고 알려줘야 빨리 고쳐지지 않겠어?"라고 말한다면 그 말도 맞는 말이다. 그런데 칭찬을 하는 것도 과한 것은 좋지 않은데, 단점을 지적하는 것은 과연 어떤가?

부모들이 아이들에게 하는 말투를 보면, 아이가 갓난아기 때는 "어이구, 우리 아기, 자~알 하네", "그렇지, 잘~ 했어요"처럼 칭찬 일색이며 부드럽고 여유롭다. 그러던 태도가 아이가 유치원을 거쳐 초등학교를 지나면서는 칭찬보다는 꾸지람을 많이 하게 된다.

아이의 행동에 대해 부모의 일방적인 잣대로 잘잘못을 판가름하는 것은 위험하다. 아이들은 아직 못한다기보다 조금 부족하다거나, 약간 서툴다는 것이 더 맞는 표현일 것이다. 그래서 못했다는 평가보다 '노력이 좀 더 필요하다'라는 격려가 더 필요하다.

아이의 타고난 능력, 예를 들어 운동신경이 또는 음악적, 미술적 재능이 조금 부족하다고 하더라도 "너는 그것도 못하니"라는 말은 아이의 자존심을 다치게 한다. 그런 말을 들으면 아이가 '나는 이거 원래 잘 못하는 거야'라며 그 분야에 대한 도전을 기피할 수도 있다.

물론 갓난아이 시절의 칭찬도 부모의 기준에 의한 판단이었고, 꾸지람도 부모의 기준에 의한 것이다. 그런데 아이가 자라면서는 부모 마음에 여유가 없어져 날카롭고 마음에 상처를 주는 말투로 바뀌는 것 같다. 이렇게 단점을 부각시키고 장점은 희석하는 말투는 아이의 마음에 상처를 남긴다. 사회생활을 하는 어른들도 이런 식으로 말하는 상사와는 일하기 싫을 것이다. 오히려 일에 대한 의욕을 떨어뜨리는 상사라며 뒷담화의 대상이 될 가능성이 높다.

'칭찬에 인색하고 잘하는 것은 당연하고, 못하는 것은 능력이 부족한 것으로 질책만 하는 말', '하나를 잘못했는데, 아무 관련 없는 평소 불만까지 쏟아부으며 자존심에 상처를 줘야 직성이 풀리는 말투', '거침없이 말해 놓고 자기는 담아두지 못하는 성격이고 대신 뒤끝이 없다며 이해하라는 말투.' 이 얘기를 들으면서 머릿속에 떠오르는 사람이 분명 한 명 이상 있을 것이다. 나 자신은 아니라고 생각하지 말고, 천천히 아이의 행동에 대해 어떻게 말해 왔는지 되짚었으면 좋겠다.

앞에서 언급한 유형의 말투를 가진 부모라면 아이를 꾸짖을 때 구석으로 몰아넣는 말투를 하게 될 것이다. 예를 들어, 성적이 좋지 않은 상황에서 "너는 성적도 나쁘면서 뭘 하겠다는 거야? 친구들하고 놀러 간다고? 나중에 커서 뭐가 되려고 그러니? 공부 못하면 대학도 못 가. 요즘 같은 세상에 대학 나와도 취직이 힘들다는데 뭐가 되려고 그래?", "될성부른 나무는 떡잎부터 알아본다잖아"라고 아이를 몰아붙일 것이다. "설마 내가 정말 이런 말까지 하겠어?"라고 부인하겠지만, 많은 부모가 아이가 초등학교 고학년으로 가면서 성적에 민감해지고 마음에 여유가 없어지면서 아이의 한 가지 잘못을 발견하면 아이의 먼 미래까지 언급하고 만다.

아이도 어른과 마찬가지로 단점을 계속 지적받다 보면 더 잘하려고 노력하기는커녕 화가 날 것이다. 자신의 부족한 점을 계속 지적받으며 인격적으로 '너는 항상 그런 애'라는 취급받을 때 아이들은 자신감을 잃고 매사에 부정적인 사람이 될 수 있다.

아이에게는 동기를 부여하고 자신감을 심어주는 말이 필요하다. 그래야 공부에도 흥미를 가지게 되는 것이다. 예를 들어 수학 성적은 타고난 IQ보다 동기부여가 중요하다고 한다. 미국 캘리포니아 로스앤젤레스대학교 무라야마 고 박사 연구팀은 국제저널 〈아동발달〉 최신호에 발표한 논문에서 "타고난 IQ보다는 자신감 등 동기부여가 수학적 실력에 훨씬 더 큰 영향을 미친다"고 밝혔다. 이런 아이들은 "수학이 재미있다"거나 "수학 공부를 열심히 하니까 성적이 올랐다" 등 긍정적인 태도를 보였다고 한다.

꾸짖을 일이 있을 때 가장 중요한 것은 아이들의 자존심에 상처를 주지 않는 것이다. 자칫 자존심에 상처를 입게 되면 자신감을 잃을 수도 있다. 앞서 언급한 논문에서 밝혔듯이 자신감을 잃은 아이는 긍정적인 생각과 태도를 보일 수 없다.

긍정적인 마인드를 생기게 하며, 의욕을 높이는 말투! 아빠들은 회사 생활을 비교해서 생각하면 쉽게 떠올릴 수 있을 것이다. '장점은 부각하고, 단점은 희석하는 말'이 필요하다.

> **Tip** 아이의 단점을 지적할 때 주의할 점
>
> - 장점을 부각할 때는 사람들이 보는 곳에서, 단점을 말할 때는 아이와 산책을 한다든지 둘만의 공간에서 하는 것이 바람직하다.
> - 단점을 지적할 때 아이의 능력을 의심하지 마라.
> "실수했구나. 조금만 집중했다면 평소 실력이 나오는 건데……."
> "아깝다. 조금 부족했어. 정말 아깝네. 좀 더 노력하면 되겠다."
> - 아이와 결과에 대해 의견을 나눌 때 아이 스스로 반성하고 실천 방법을 찾을 수 있도록 대화를 이끈다. 물론 아이가 방법을 찾았다고 해서 실천하기는 쉽지 않다. 그러나 아이가 자신감과 긍정적인 생각을 하게 된 것이 더 큰 소득이다.
> "규환이가 기합소리를 크게 내니까 좋더라. 너는 태권도 심사에서 어떤 점이 좋았어?"
> 그리고 다음 질문에는 "그럼, 아쉽거나 실수한 것은 없었어?"라고 묻는다.
> "아빠, 태극 7장 할 때요, 앞에 순서가 잠깐 생각이 안 났는데 금방 기억나서 했어요."
> "그래, 만약에 다음 심사 때 그런 일이 생기지 않게 하려면 어떡하면 될까?"
> "잘 기억할 수 있도록 연습을 더 해야겠어요."
> "그래 좀 더 노력하면 되겠구나. 수고했어."

Part.06
긍정적인 아이로 키우는 10분 대화법

무조건적인 칭찬은
오히려 해가 된다

아이들에게 칭찬을 많이 해주라고 한다. 그러나 칭찬을 잘 못하면 독이 될 수 있다.

도대체 어떻게 칭찬을 하는 것이 좋은 칭찬의 방법인지, 잘못된 칭찬은 어떤 것인지 헷갈릴 때가 있다. 아이가 잘한 일에 대해 더 잘할 것을 기대하며 칭찬을 했는데, 오히려 역효과가 났다는 이야기를 주변 아빠들에게서 듣는다.

칭찬하는 방법에 대해 여러 학자와 전문가들이 다양한 연구 결과를 발표한 바 있다.

미국 샌디에이고대학교 심리학과의 진 트웬지 교수는 미국 청소년들을 대상으로 매년 시행하는 설문조사 '모니터링 더 퓨처'(MTF, Monitoring The Future) 40년 치를 검토한 결과, 외모 등에 대한 과도한 칭찬이 오히려 해가 될 수 있다는 사실을 발견했다.

부모에게 과도한 칭찬을 듣고 자라난 현대 젊은이들이 넘치는 자신감과 달리 실제 가정과 직장에서 제대로 된 역할을 수행하는 능력이 기성세대에 미치지 못한다는 것이다.

특히 지나친 칭찬을 받고 자란 아이들이 기대에 미치지 못하는 성과를 거뒀을 때 좌절감은 더욱 크다고 트웬지 교수는 경고했다.

내가 겪어본 많고 다양한 사람 중에도 부모로부터 과한 칭찬을 받으며 귀하게 자란 사람이 있었다. 그는 다른 사람에게 지적을 받거나 문제점에 대해 수정할 것을 요구받으면, 그것을 인정하지 않거나 가볍게 생각하며 자기 생각을 몰라주는 것에 대해 오히려 항변하는 경우가 있었다. 그러면서 왜 자신에게 칭찬을 하지 않느냐고 되묻기도 했었다.

가정을 벗어난 사회에서 자신에게 무조건적으로 칭찬을 해주는 사람은 없다는 것을 기억할 필요가 있다.

칭찬과 지적은 더 나은 행동을 통해 향상된 결과를 얻으려는 공통점이 있다. 그래서 원하는 결과를 얻기 위해서는 칭찬을 할 때와 지적을 할 때 요령이 필요하다.

우선 칭찬의 요령이다.

첫째, 구체적인 행동을 칭찬한다.

예전에 첫째 아이를 미술 학원에 보내면서 "엄마, 아빠가 그림을 잘 그렸거든. 규환이도 소질이 있어서 잘할 거야"라며 칭찬해줬다. 그런데 뭐가 불만인지 다니는 내내 불만과 투정을 부리다가 몇 개월 하지 못하고 그만두고 말았다. 구체적인 칭찬이 없었다는 것을 나중에 깨달았다.

요즘은 학교에서 그린 그림을 보며 "지난번 그림보다 더 잘 그렸는데", "나무 위쪽에 열매가 그림의 균형을 잘 맞췄네" 하며 칭찬하는 방법을 달리했다. 그랬더니 아이가 왜 그렇게 그렸는지 설명하며 자신감을 보이는 것 같다.

둘째, 과정을 칭찬한다.

아이의 성적이 올랐을 때 "지난번보다 더 열심히 공부했더니 성적이 많이 올랐네. 노력한 보람이 있구나", 리코더 실력이 늘었을 때 "호흡이 길어지니까 소리가 더 부드러워졌어" 등 노력하고 연습한 것에 대해서 칭찬을 해주는 것이다. 결과에 초점을 맞추지 말고, 결과를 만들게 된 과정을 칭찬해주는 것이 필요하다.

지적할 때도 요령이 필요하다.

첫째, 잘못된 행동만 지적한다.

"너는 그것도 못하니?"처럼 아이 자체를 지적하면 감정을 다치게 된다. 칭찬의 요령처럼 과정과 행동만을 지적해야 한다.

둘째 윤환이는 아직 젓가락질이 서툴러서 음식을 흘리는 경우가 많다. "젓가락을 집을 때 끝을 맞추면 음식을 잘 잡을 수 있어. 다시 해보자", "조금 더 연습하면 좋아지겠어"라고 해줬다. 하지만 식탁을 치울 때를 생각하면 욱하는 속마음은 어쩔 수 없는 것 같다.

둘째, 지적만 할 것이 아니라 격려도 따라야 한다.

행동을 지적하고 연습하는 과정을 지켜보지만 아이는 한 번에 달라지지 않는다. 잘 안 되지만 연습하는 그 모습을 격려해야 한다. 그래야 지치고 짜증 나서 그만두는 것이 아니라 꾸준히 연습할 수 있는 에너지를 얻을 수 있다.

칭찬은 아이를 춤추게도 하지만 좌절하게도 만드는 양면성을 갖고 있다. '칭찬의 역효과'라는 EBS의 다큐멘터리가 있다. 이 프로그램의 초반부에 이런 내용이 나온다.

> 달콤한 칭찬에 길들여진
> 우리 아이들의 이야기입니다.
> 그리고
> 박수 소리가 들리지 않으면 춤출 수 없는
> 어른들의 이야기이기도 합니다.

Tip 주의해야 할 좋지 못한 칭찬과 지적

- **좋지 못한 칭찬**

    언제나, 누구에게도 가능한 칭찬
    "너 정말 똑똑하구나."
    "우리 딸은 미스코리아보다 더 예쁘네."
    "진짜 잘 생겼다."
    "짱이다."
    "너 천재구나."

    너무 앞서 나간 칭찬
    "잘했어, 열심히 하니까 90점을 받잖아. 조금만 더 노력하면 100점을 받을 수 있겠어."

- **좋지 못한 지적**

    순간을 영원으로 바꾸는 말투
    "너는 왜 항상 그 모양이니?"
    "이번에도 또 그랬어?"

"자꾸 왜 그래?"

"너는 항상 그런 식이지"

아이가 가진 개성을 무시하는 지적

"다른 애들보다 너는 너무 느려."

"그렇게 하면 안 된다고 했지?"

Part.06
긍정적인 아이로 키우는 10분 대화법

긍정적인 말을
먼저 하라

뉴욕의 어느 골목에서 맹인 한 명이 "I AM BLIND(나는 맹인입니다)"라고 쓴 팻말을 두고 구걸하고 있었다. 그런데 아무도 그에게 도움의 손길을 건네지 않던 순간, 지나던 한 남자가 맹인의 팻말에 문장을 고쳐 쓰고 갔다.

그리곤 이상한 일이 벌어진다. 아무도 거들떠보지 않던 사람들이 갑자기 그에게 돈을 건네기 시작한 것이다.

원래 맹인의 팻말에는 'I AM BLIND(나는 맹인입니다)'라고 써 있었고, 한 남자는 그 팻말을 "SPRING IS COMING BUT I CAN'T SEE IT(봄은 곧 오는데 나는 볼 수 없습니다)"라고 바꾸어 놓았던 것이다. 그런데 사람들의 반응은 너무 큰 차이를 보인 것이다.

이 이야기는 1920년대 뉴욕에서 살았던 프랑스의 시인 '앙드레 불톤'의 실화다. 사실적이고 직접적인 표현을 했던 첫 번째 문장과 이야기 형식에 간접적인 표현으로 바꾼 두 번째 문장의 차이를 발견했는가?

이야기 형식 즉 스토리텔링이 사람의 마음을 움직인 예이다. 그런데 여기에 또 다른 비밀이 하나 숨어 있는데 바로 '초점화 현상'이라는 것이다. 이것은 어떤 말을 먼저 쓰느냐에 따라 전달 효과에 큰 차이를 보이게 되는데, 앞에 오는 정보에 따라서 뒤에 오는 정보가 영향을 받게 되는 것을 말한다.

봄이 곧 오는데(긍정) 나는 볼 수 없습니다.
⇒ 나는 볼 수가 없습니다.(부정) 봄은 곧 오는데 말이죠.
- EBS '언어 발달의 수수께끼' 중에서

긍정적인 문장이 앞에 왔을 때와 부정적인 문장이 앞에 왔을 때의 느낌이 확연히 차이가 나는 것을 느낄 수 있다. 이것이 바로 '초점화 현상'이다.

아이와 대화할 때도 어떤 단어를 먼저 쓰느냐에 따라 아빠와 아이의 관계를 좌지우지할 수 있을 것이다. 하지만 항상 긍정적인 문장과 긍정적인 단어만 쓸 수 있는 것은 아니다. 그런 상황에서도 긍정적인 방향으로 상황을 바꾸는 방법이 있다. 그것은 핵심 단어를 다르게 표현하는 것이다.

2011년 서울시는 '무상 급식' 논란으로 주민투표까지 이어졌었다. 그런데 어느 날 언론에서는 '무상 급식'을 '의무 급식'으로 용어를 변경했다.

무상과 의무. 이 두 단어가 갖는 의미는 상당한 차이를 갖는다. 무상은 공짜다. 그러나 의무는 반드시 행해야 한다는 뜻이다. 투표 결과 의무 급식이 시행되게 되었다. 단어의 선택이 어떠한 결과를 가져오는지 보여주는 사례이다.

　우스갯소리로 "너는 다 나쁜데, ○○은 더 나빠"라는 말이 유행한 적이 있다. 유머를 유머로 받아들이면 문제 될 것이 없지만, 간혹 유머를 다큐로 받아들이는 경우가 생기면 마냥 웃을 수 있는 상황은 아닐 것이다. 유머도 긍정의 메시지를 앞에 둔 긍정적인 유머를 쓴다면 아빠의 긍정 에너지가 아이에게도 고스란히 전달될 것이다.

> **Tip 긍정적인 말을 먼저 하라**
>
> 아이에게 무엇을 가르치는 상황이라면 긍정적인 말이 앞에 오도록 해보자.
> "좋아, 해보려는 도전이 정말 좋았어. 하지만 약간의 실수가 있었는데 그것만 고치면 더 잘하겠는 걸."(○)
> "너는 잘하는 것도 없으면서 ○○한 것은 더 못해."(X)
> "너는 ○○한 것을 고쳐야겠다. 그런데 다른 것은 괜찮아."(X)
> 말의 순서만 바꿔도 마음으로 느끼는 감정은 상당한 차이를 가져온다. 실수는 중요한 것이 아니다. 도전했다는 것이 중요한 것이고, 다시 도전해서 성공할 수 있는 긍정의 힘을 주는 것이 핵심이다.

PART 07

아이의 창의력을 키워주는
10분 대화법

아빠가 생각에 날개를 달아줄 수 있는 질문을 던진다면 아이는 응답하기 위해
짧은 순간에도 많은 생각을 하게 될 것이다. 오감을 동원한 질문을 해보자.
오감을 통한 질문은 뇌의 각기 다른 부위로 전달된다. 시각은 대뇌피질 후두엽의 시각령,
청각은 측두엽의 청각령 등 뇌를 움직이게 한다.

Part.07
아이의 창의력을 키워주는 10분 대화법

아이들은 노는 게
제일 좋다

'노는 게 제일 좋아, 친구들 모여라, 언제나 즐거워 개구쟁이 뽀로로.'

뽀로로 주제가를 들으며, 너무나 공감했던 대목이다. 아이들에게 노는 것보다 좋은 게 어디 있을까! 어른들도 노는 걸 좋아한다. 놀이와 관련된 많은 말 중에 우리가 한 번 더 곱씹어볼 것이 있다.

첫째, '아이의 놀이는 창의성과 같은 말'이다. 잘 놀면 그만큼 창의성도 높아진다는 얘기다.

둘째, '놀이는 아이가 세상을 배우는 방법'이다. 놀이를 통해 활발한 신체 활동을 하면 두뇌 활동도 왕성해진다. 놀이에 빠진 아이가 공부도 열심히 할 수 있다는 의미이다.

아빠의 역할이 더 커지는 이유를 여기서 찾을 수 있다. 아빠와 함께한 놀이는 신체 활동을 자극하고 아이들이 적극 참여하는 기회를 준다. 활발한 신체 활동이 두뇌 활동으로 이어지고 그 과정에서 아이들의 창의력 또한 높아진다.

그렇다면 어떻게 놀아주면 좋을까? 어떻게 놀아줘야 아이가 놀이에 빠져들 수 있을까? 전문가들은 완제품 장난감은 아이의 창의력을 해칠 수 있다고 조언한다. 다시 말하면 자동차나 로봇 등 완제품은 아이의 상상력을 자극하는 데 큰 도움이 안 된다는 것이다.

그래서 나는 아이들에게 조립하는 완구를 사주었다. 아이들이 조립 순서를 보며 완성하는 데 재미를 느끼는 듯했다. 그런데 다 완성된 이후 다시 조립하거나 가지고 놀지 않았다. 그래서 이번에는 조립된 장난감을 같은 종류끼리 큰 상자에 넣으면서 모두 분해해버렸다. 그랬더니 부품을 이렇게도 조립해보고 저렇게도 조립해보며 더 멋지고 강력한 무기를 장착한다든지 아니면 약점을 보완하기 위해 다른 캐릭터의 장점을 더해서 새로운 캐릭터를 만들어내기도 했다.

새롭고 다양하게 만들기 위해 많은 생각과 반복된 실행으로 아이의 생각 주머니가 더 커진 것이다. 아이가 놀고 싶을 때는 놀이에 빠져 신 나게 놀도록 배려해주자.

"놀고 나서 숙제하는 거 잊지 마", "조금 놀고 공부해"라고 하며 놀이를 시작하기 전에 김새게 하지 말고, 신 나고 재미있게 놀게 하자. 아빠와 함께.

이 장에서는 어떻게 대화하는 것이 놀이를 더 재미있게 만드는 대화법인지에 대한 방법과 평소 엉뚱하고 기발한 아이들의 상상력을 더 깊이 있게 만들 수 있는 질문법을 소개한다.

Part.07
아이의 창의력을 키워주는 10분 대화법

아이의 손과 발을
바쁘게 해라

'이번 주말을 어떻게 보낼까?' 하는 것은 행복한 고민이다. 힘들고 쳇바퀴 돌 듯 반복되는 일상에서 벗어난다는 생각만으로도 기분이 매우 좋다. 시원하게 펼쳐진 바다를 봐도 좋고, 초록의 산에서 맑은 공기를 마시는 것도 좋다. 그보다 회색 도시를 벗어난다는 사실이 마냥 즐겁다.

둘째 아이가 다섯 살이 되면서부터 한 달에 한 번이라도 어디든지 아이들에게 직접 보여주고 만져보게 할 수 있는 곳을 찾아다니기 시작했다. 날씨가 좋지 않거나 시간이 없으면 집 주변을 다녔다. 평촌에 살다 보니 서울과 경기 서남부 지역이 다니기 좋았다. 용산에 있는 국립중앙박물관, 화성에 있는 공룡알화석지, 바다를 보고 싶다고 해서 전철을 타고 오이도를 다녀오는 등 대중교통이나 차를 이용해 1시간 내외로 찾아갈 수 있는 곳을 택했다.

내 어린 시절에 가장 소중한 기억도 직접 체험한 것이었고, 아쉽고 부족하다고 생각한 것도 직접 보고 겪어보지 못한 것들이었다. 교과서나 책을 통해 접한 것을 직접 볼 수 있는 것은 수학여행이 전부였다고 해도 과언이 아니다.

==다양하고 풍부한 경험은 아이의 창의력을 키우는 데 훌륭한 밑거름이 된다. 새로운 것을 생각해내는 능력은 그런 경험에서 나오기 때문이다.== 그리고 될 수 있으면 자연으로 나가기를 권하고 싶다.

다행스럽게도 아이들 할아버지 댁에서는 가족들이 나눠 먹을 수 있을 만큼의 다양한 채소를 키운다. 감자, 고구마, 상추, 땅콩, 배추, 고추 등 계절별로 다양한 채소를 키우고 가을이면 들깨, 참깨를 도리깨질하며 수확한다.

아이들은 모종을 심기도 하고 고추나 상추, 고구마 등은 직접 수확해서 먹으며 좋아한다. 나도 어려서 하지 못했던 체험을 요즘에 하고 있다. 힘들긴 해도 재미있고, 도리깨를 만든 조상의 지혜에 매번 감탄한다.

아이들을 밭으로 데려가는 것도 그리 어렵지 않다. "땅콩 좋아하지? 그럼 땅콩이 어떻게 생겼는지 가서 볼까?", "내일은 고추 따러 가보자", "고구마는 어디에 숨어 있는지 알아?" 등 호기심이 발동하도록 하면 된다. 그럼 나중에는 아이들이 나서서 밭에 나가서 상추를 따오겠다고 한다. 물론 처음부터 잘하지는 못하지만 적극적으로 나서는 모습이 기특하다.

우리나라도 지역별로, 계절별로 다양한 축제가 일 년 내내 이어진다. 최근에 다녀온 곳을 몇 군데 꼽으면, 1월의 시작과 함께 화천의 산천어 축제, 3월의 구례 산수유 축제, 6월 강릉 단오제 등이 있다. 축제를 더 재미있게 즐기기 위해서 축제에 대해서 미리 알아보는 것을 잊지 말아야 한다.

아이들과 함께 인터넷과 책을 통해 알아보면 아이들도 너무 재미있어

하고, 직접 도착해서는 예습한 것이 있어서 제법 아는 체도 한다.

산천어 축제를 예로 들면, 화천은 어디에 있는지, 산천어는 어떻게 생겼는지, 축제하는 장소에 다른 볼거리나 먹을거리가 있는지, 낚시는 어떻게 하고 미끼는 무엇을 쓰는지 등 함께 알아보고 준비하다 보면 자연스레 학습이 된다.

올해도 되도록 밖으로 나가려 한다. 여름에는 동네 하천을 따라 걸으며 산책하는 것이 아주 좋고, 운동장에서 공을 차는 것도 좋다.

아이들이 클수록 활동량이 더 많은 활동으로 해보려 한다. 어떨 때는 아이들보다 내가 더 노는 것을 좋아하는 것 같다.

> **Tip 야외 활동 시 주의할 대화**

자연에서 하는 체험이건, 축제에서 하는 체험이건 부모가 주의할 점은 하나다. 아이들은 실수를 한다는 것! 그것은 실수라기보다 숙련되지 않은 초보자의 경험이라고 보는 것이 더 타당할 것이다. 지역 축제장에서 만난 아빠들이 아이에게 자주 하는 말이 있다.

"쓸데없는 짓 하지 말고 잘 봐."
"그게 말이 되느냐?"
"그렇게 하면 안 돼."

아빠들은 종종 아이의 말과 행동을 억압하고 통제하려 한다. 그렇게 할 거면 뭐 하러 그곳까지 간 것이지 알 수가 없다. 아이들이 서투른 것은 당연하다. 아이를 신 나게 하게 하는 말은 어렵지 않다.

"그렇지! 자~알 하네."
"하나씩 해 보자."
"낚시가 쉽지 않은데 조금씩 나아지고 있어."

이처럼 상황에 맞게 아이가 하고 싶은 마음이 들도록 격려해준다. 교육 전문가들에 따르면 지능이 높은 아이들이 처음에는 실수가 많다고 한다. 이는 실수를 통해 학습을 하고 오류를 줄여 나가면서 응용력을 기르는 과정이라는 것이다.

Part.07
아이의 창의력을 키워주는 10분 대화법

생각에 날개를 달아주는
아빠 대화법

'알갱이', '뽀골뽀골 물', '사각이', '아이 셔.'

이것은 둘째 윤환이가 자기가 좋아하는 먹을거리들에 이름을 붙인 것이다. 어느 날 피자를 먹으며 사이다를 보면서 "아빠, 사이다 이름 바꿀래요?" 하는 것이다. 그래서 나는 물었다.

"뭐라고 바꾸고 싶은데?"

"음~~ 뽀골뽀골 거품이 올라오니까. '뽀골뽀골 물'이요."

"그럼 다른 것도 이름 지어볼래?"

"네."

윤환이는 보이는 대로 물건에 이름을 바꾸기 시작해서 포도는 '알갱이', 사과는 '사각이' 귤은 '아이 셔'라며 이름을 붙여줬다. 왜 이런 이름이 됐는지 대략 감이 올 것이다. 아이는 먹을거리의 모양, 맛, 소리 등의 특징 가운데 맘에 드는 것을 골라서 마음대로 새로운 이름을 짓는다. 윤환이는 이름을 짓는 동안에도 혼자 키득거리면서 또 다른 특징이 없는지 아니면 다음 대상은 어떤 것을 할지를 두리번거리며 정말 재미있어했다.

만약 아이가 식사하는 자리에서 이런 식의 놀이를 키득거리며 떠든다면 어떤 일이 벌어질까? "그게 뭐야", "쓸데없는 짓 하지 말고 빨리 밥이나 먹어", "밥 먹을 때는 조용히 먹는 거야" 하며 핀잔을 주지 않을까? 아빠들은 아이의 엉뚱한 질문에 대답해주기 귀찮다. 또 공부와 관련이 없는 것 같고, 밥 먹으며 떠들고 키득거리는 것이 정신없다. 가뜩이나 피곤한데 아이와 얘기를 하고 나면 더 진이 빠지니 아예 아이 입을 막는 편이 낫기 때문이다. 어떤 아빠는 아이와 눈높이를 맞추기 힘들고 아이의 이야기를 이성적으로 받아들이기 어렵다는 하소연도 한다.

그러나 이런 단순한 놀이조차도 아이로서는 오감과 상상력을 총동원한 활동임을 알아챌 필요가 있다. 사물에 이름을 지으려면 사물의 특징을 살피고 알아야 가능하다. 맛은 어떤지, 무슨 색인지, 생김새는 어떤지 등 오감을 동원해서 생각해야 한다. 하나의 사물을 대상으로 놀이를 시작했지만 아이가 알고 있는 다른 것과 연결 지어서 생각할 수도 있다. 여기에 아빠가 생각에 날개를 달아줄 수 있는 질문을 던진다면 아이는 응답하기 위해 짧은 순간에도 많은 생각을 하게 될 것이다.

오감을 동원한 질문을 해보자. 오감을 통한 질문은 뇌의 각기 다른 부위로 전달된다고 한다. 시각은 대뇌피질 후두엽의 시각령, 청각은 측두엽의 청각령 등 뇌를 움직이게 하는 것이다.

질문을 할 때는 아이가 자주 접해서 알고 있는 것부터 하는 것이 좋다. 대답하기 쉬운 질문으로 시작하고, "와! 그런 것도 알아?", "재미있는 생각인데!"라며 칭찬을 해주면 이야기에 더 적극 참여할 것이다.

"하늘이 무슨 색이지? 구름은? 그럼 저기 있는 구름이 어떤 동물을 닮았을까?"(시각)

"비가 오는구나. ○○야, 창문 밖에 비는 어떤 소리를 내는 것처럼 들리니?"(청각)

"빨래한 옷에서 향기가 나는데, 어떤 과일 냄새일까?"(후각)

"사과가 맛있구나. 사과는 딸기하고 맛이 어떻게 달라?"(미각)

"비누 거품을 크게 만들 수 있어. 손의 느낌이 어때?"(촉각)

간략하게 예를 들어보았지만, 어떠한 상황에서도 오감을 자극하는 질문과 대답을 놀이처럼 할 수 있다. 또 이런 질문은 서로 연결해서 하는 것이 더 효과적일 것이다. 특히 자연과 함께하고 아빠와 놀이처럼 오감을 느끼게 한다면 아이는 눈과 귀, 코와 입 등 온몸으로 느끼고 생각하게 될 것이다.

Tip 아이가 엉뚱한 말을 할 때는?

- **중간 중간 이야기의 맥을 짚어라**

아이들의 엉뚱하고 황당한 생각과 말은 그 자체만으로도 키득키득 웃으며 즐길 수 있는 재미있는 놀이가 된다. 그러나 재미에만 빠져 있으면 이야기가 어디로 흘러가는지 그 방향을 잃을 가능성이 있다. 아이와 이야기의 주제를 중심으로 대화를 해야 더 많은 생각을 할 수 있다. 그러기 위해서 대화 중간에 아빠가 이야기의 맥을 짚어주는 것이 필요하다.

- **유머를 다큐로 받아들이지 마라**

엉뚱한 질문이나 대답을 한다고 "틀렸어", "아니야"라고 대답하며 지적하지 말고, 아이의 생각대로 받아주며 아이가 더 깊이 생각할 수 있는 시간을 충분히 줘야 한다. 또한 아이가 답을 이어갈 수 있도록 질문을 던지는 것이 중요하다.

Part.07
아이의 창의력을 키워주는 10분 대화법

남과 다른 생각이
창의력을 키운다

"생각의 정의를 아는 사람?"

고등학교 때 사회 선생님께서 반 아이들에게 하신 질문이었다. 독특한 개성을 지닌 그 선생님의 대답도 독특했다. 지금도 어제 일처럼 생생히 기억하는 생각에 대한 선생님의 말씀은 "생각이란 생각하면 생각할수록 생각에 생각이 꼬리를 물고 생각하는 것이 생각이다. 따라서 생각이란 생각을 깊이 하지 않는 것이 좋은 생각이라고 생각한다"라고 하셨다. 말장난처럼 들릴 수 있지만 그 당시 나는 한방 얻어맞은 느낌이었다.

그때 내가 했던 것들은, 생각은 많은데 다양하기만 해서 쓸모없는 '비효율적인 생각', 문제에 접근도 못 하고 어디서부터 풀어야 하는지 방향도 잡지 못하는 '망막한 생각', 깊이도 없이 시간만 오래 잡아먹는 '낭비하는 생각'이었다. 물론 지금도 나아졌다고 볼 수는 없다.

그런데 몇 년 전 미국 뉴욕에서 한인 학생들의 진학 상담을 하는 조이스 최라는 분의 기사를 보면, "한인 학생들은 주입식 교육으로 인해 '왜

(Why)', '어떻게(How)'를 생각해내는 훈련이 부족해 독창적인 아이디어를 내는 데 서투르다"며, 우리나라의 학교 교육과 아이들을 대하는 부모의 가정교육에 대해 미국과의 차이를 설명했다. 그리고 창의적인 생각을 키우는 방법에 대해 "아이들의 생각이 일정한 틀을 벗어난다고 해서 걱정하지 말고 다른 생각에 대해서 인정하고 격려해주는 태도가 필요하다"고 말했다.

생각에 생각이 꼬리를 물고 생각을 하려면 첫째, 무엇보다 다름을 인정해야 한다. 다르다는 것은 틀린 것이 아니다. 남들과 비슷한 생각을 하며, 남 따라 해야 안심이 되는 심리! 그래서 옷을 살 때도 "○○가 △△드라마에 입고 나온 거 주세요"라고 말하는 우리는 다름에 익숙하지 않다.

규환이가 유치원 다닐 때 일이다. 아내가 선생님과 면담을 하였는데 선생님께서 "규환이는 무언가를 하자고 하면 안 하고 있거나 다른 애들보다 늦게 해서 고민이에요"라고 하셨다. 그래서 "규환이는 자기가 왜 해야 하는지를 알아야 시작하는 경우가 있어요"라며 아이의 특성을 말씀해 드린 적이 있다. 그 이후 선생님은 아이에게 '왜' 해야 하는지를 말씀하셨고, 규환이는 이해가 되면 빠르게 따라 했다고 한다.

유치원에서 1년에 한 번 아이들에게 모두 상을 주는데 규환이는 3년을 다니면서 똑같은 상을 3번 받아왔다. 바로 '남다른생각상'이다. 초등학교 5학년인 지금도 변함이 없다. 본인이 '왜' 해야 하는지를 먼저 생각하고 그것이 이해가 되면 놀라운 결과를 만들어낸다.

둘째, 끈질기게 생각해야 한다. 남들과 다른 생각을 해도 좋다면 그 생각은 또 다른 가지로 연결될 것이다. 그러면서 자신이 경험한 일, 알고 있는 일, 알고 싶어 찾게 되는 정보들과 생각이 어우러지고 섞이면서 분석하고, 조합하면서 새로운 아이디어가 생각나는 것이다.

셋째, 일단 행동하고 보는 것이다. 완벽한 생각이란 없다. 기발한 것을 만들기도 쉽지 않다. 그렇다고 좋은 성과를 내기 위해서 계속 기다릴 수는 없다. 생각을 오래 하는 것보다 일단 실천해보는 것이 훨씬 더 많은 것을 얻을 수 있다. 모방을 해보는 것도 나쁘지 않다. '모방은 창조의 어머니'라는 말이 있듯이 눈에 보이는 것은 상상 속으로 그리는 그림보다 현실이 될 가능성이 더 높다.

<mark>생각이 꼬리를 물고 생각하는 과정에서 가장 핵심은 아이가 주도적으로 생각하고 스스로 해답을 찾을 수 있도록 질문하는 것이다. 그리고 아이에게 설명해주는 것보다 아이가 설명할 수 있도록 질문과 응답을 반복하는 과정을 거쳐야 한다.</mark>

Tip 아이의 생각을 여는 질문

- 아이에게 하는 질문을 조금만 바꾸면 생각을 키울 수 있다. 아이가 스스로 생각을 할 수 있도록 하되 긍정적으로 질문해야 생각에 집중할 수 있다.
  "오늘 할 일 중에 안 한 건 뭐지?"(X)
  "오늘 계획 중에 해야 하는 일은 뭐가 있지?"(O)

- 질문에 꼬리를 달자. 하지만 주제는 하나라는 것을 잊지 말자. 가령 가을에 단풍이 드는 이유에 대해 알고 싶다면 다양한 측면에서 여러 개의 질문으로 하는 것이 좋다.
  "봄에 새싹들은 무슨 색이지?"

"가을에 나뭇잎은 무슨 색으로 변하지?"

"왜 색깔이 변하는 것일까?"

"봄하고 가을이 다른 것들은 뭐가 있을까?"

Part.07
아이의 창의력을 키워주는 10분 대화법

아이의 생각을 키우는
동기부여 질문법

"생선을 가장 맛있게 요리하는 요리사는 어떤 조리법을 사용할까요?"

헐~도대체 어떤 답을 원하는 것일까? 좋아하는 생선 요리를 물어보는 것도 아니고 뭥미. 질문을 잘 살펴보면 답이 보인다. 특정 조리법을 물어본 것이 아니니 사람마다 대답도 다르게 나올 것이 뻔하다. 그 답을 하나로 모은다면 이런 말이 되지 않을까?

"먹을 사람이 가장 좋아하는 생선 요리가 되도록 조리한다."

싱싱하고 신선한 회를 좋아하는 사람에게 생선찜이나 탕을 내놓으면 어떨까? 아니면 연탄불에 은근히 구워지는 구이를 좋아하는 사람에게 회를 내놓으면 어떨까? 그 사람이 좋아하는 요리로 조리하는 것이 가장 좋은 방법일 것이다.

아이와 대화를 하다 보면 상황에 따라 대화의 형태도 달라진다. 어떤 것은 아이와 함께 생각해야 하는 참여형이 있을 것이고 또 권유, 설득, 토론 등 상황에 따라 다양한 형태로 대화의 성격이 나타날 것이다. 질문과 대답이 오가는 상황에서 필요한 질문법을 소개하려 한다.

아이를 참여시키면서 상상력을 발휘하게 하는 상황에서 활용하면 좋은 '모티브(Motive) 질문법'이다. 이 방법은 말 그대로 아이에게 동기부여하기 좋다.

동기부여 대화법

아이의 생각을 키워주기 위해 질문을 통해 대화를 이어가야 한다. 이때 오가는 질문과 응답의 상황에서 질문자 즉, 아빠의 질문법과 응답법이다.

① Yes : 아이의 대답에 동의할 때

"그렇지, 그것이 맞는 방법(생각)이야. 그럼 잘못된 방법(생각)은 어떤 것들이 있을까?"

– 반대의 상황도 생각해보면 왜 옳은 것인지, 잘못된 것인지에 대한 판단도 더 명확해질 수 있다.

② And : 다양한 생각을 요구할 때

"그렇게 생각하는구나. 그리고 어떤 것이 있을까?"

③ Another : 아이의 대답에 부족한 부분을 채울 때

"그렇게 생각을 하는구나. 또 어떤 것이 필요할까? 하나로는 부족하지 않을까?"

④ No : 쓰지 않는 것이 좋다. 대신 'But'을 이용한다.

– 단순한 "아니야", "그렇지 않아" 등 아이의 생각이나 의견이 틀렸다고 느낄 수 있기 때문이다. 이럴 때 아이는 말문을 닫을 수도, 자신감을 잃을 수도 있다.

⑤ **But : 아이의 의견이 틀렸거나 잘못됐을 때**

"그렇게 생각할 수도 있겠구나. 하지만 조금 다르게 생각해보면 어떨까? 예를 들면……."

동기부여 대화법 시 주의사항

- 아빠의 주장을 일방적으로 전달할 가능성이 있으므로 각별한 주의가 필요하다.
- "네 생각이 틀린 것은 아니다. 그러나 내 생각을 들어봐"라고 해서는 안 된다.
- 무조건 묻는 것보다는 질문과 응답이 오가는 쌍방향으로 이루어지는 것이 좋다.
- 부정적인 것보다는 긍정적인 생각을 하는 방법으로 질문을 해야 한다.
- 어떠한 상황에서도 아이의 대답을 옳고 그름으로 먼저 판단해서는 안 된다. 대답을 했다는 자체만으로 아이를 인정해준 다음, 다른 생각을 할 수 있도록 해야 한다. 그런 후에 옳고 그름에 대한 비교를 아빠와 함께하는 것이 바람직한 방법일 것이다.
- ①~⑤의 사용은 대화가 이어지는 동안 필요한 질문에 따라 다양하게 활용할수록 긍정적이고 깊이 있는 생각을 키울 수 있다.

PART 08

자녀와의 갈등을 해결하는 10분 대화법

뿌리에 가까운 줄기는 한두 번밖에 꼬이지 않았다. 그런데 줄기가 길어지면 몇 번이 꼬였는지 세기가 힘들어진다. 가족들의 갈등도 오랫동안 풀지 않으면 대화가 단절되고 골이 깊어져 풀기 어려워진다. 그러나 가족은 같이 살아온 만큼의 공통분모를 갖고 있다. 이보다 더 좋은 갈등 해결의 실마리는 없을 것이다.

Part.08
자녀와의 갈등을 해결하는 10분 대화법

가족 갈등의
뿌리를 찾아라

'갈등'의 어원을 보면서 하나의 단어가 만들어진다는 것이 정말 놀랍다는 생각을 했다. 갈등(葛藤)은 '칡 갈', '등나무 등'이 합해진 단어다. 칡의 줄기는 길게 뻗어 가면서 다른 물체를 감아 올라가는 것이 특징이다. 등나무는 어떤가? 흔히 덩굴을 이룬다고 표현할 정도로 스스로 감아 올라가는 성질을 갖고 있다. 칡과 등나무는 모두 줄기가 감아 올라가면서 얽히는 성질이다. 둘 중 하나만 있어도 풀기 쉽지 않은데 둘이 같이 엮였으니 풀기가 여간 어려운 것이 아니다.

그러나 수 없이 뻗어 나간 줄기는 얽히고설켰지만 그 뿌리는 하나다. 아무리 줄기들이 꼬이고 뒤틀려도 뿌리는 같으므로 풀기도 쉬울 것이다. 뿌리로 가까워지면 가까워질수록 어디에서 어떻게 얽혔는지 정확하게 찾을 수 있다. 그래서 풀기도 쉽다.

아빠와 엄마, 아빠와 자녀, 엄마와 자녀 사이에 생긴 갈등도 '가족'이라는 공통된 뿌리를 갖고 있기 때문에 그 어떤 것보다 풀기가 쉬울 것으로 생각한다.

 부모와 대화가 안 통한다는 아이들이 많다. 부모는 아이들을 생각해서 하는 말이라고 한다. 하지만 그 말들은 아이들의 마음에 와 닿지가 않는다. 서로가 바라보는 것이 다르기 때문이다. 부모들도 아이들의 마음을 먼저 얘기하고 이해하고 다독여주고 싶다. 그런데 냉엄한 현실이 경쟁에서 이겨야 좀 더 나은 삶을 살 수 있다는 판단 탓에 다정한 부모의 마음과는 다르게 표현되면서 갈등의 상황으로 바뀌고 있기도 하다.

 ==뿌리에 가까운 줄기는 한두 번밖에 꼬이지 않았다. 그런데 줄기가 길어지면 몇 번이 꼬였는지 세기가 힘들어진다. 가족들의 갈등도 오랫동안 풀지 않으면 대화가 단절되고 골이 깊어져 풀기 어려워진다.== 풀고 싶어도 어색해져 버렸을지도 모른다. 처음에 풀지 못하면 더 악화되는 것이 갈등이다. ==그러나 가족은 같이 살아온 만큼의 공통분모를 갖고 있다. 이보다 더 좋은 갈등 해결의 실마리는 없을 것이다.==

 가족이기 때문에 기대했고, 내 마음을 알아줄 거라 믿었기에 아쉬움과 허탈함이 생겼을 것이다. 가족이기 때문에 생기는 갈등인 것이다. 투정을 부리는 아이는 부모니까 투정을 부리고 떼쓰는 것이다. 아이는 아빠에게 고민을 말하고 싶었지만 말할 시간도 없었고, 아빠가 "학교 잘 다니지?", "요즘 별일 없지?"라며 건성으로 물어보는 것 같아 마음을 털어놓고 싶은 생각이 사라진다.

 그러나 아무리 꼬여 있어도 시작은 하나의 뿌리에서 시작되었다. 뿌리에 가까운 얘기를 하면 된다. 공통분모가 있다는 사실을 공유한다는 것만으로도 갈등은 반쯤 풀린 것이다. 수 년 아닌 십여 년 동안 겪어왔던 갈등도 가족이기 때문에 한순간에 풀리는 모습을 자주 봐왔다. 누가 먼저 대화를 시작하고 먼저 꼬인 그 순간을 정확하게 짚어내는가에 따라 쉽고 빨리 풀릴 것으로 생각된다.

갈등 상황은 다양하고 종류도 많을 것이다. 그러나 근본은 역시 마음을 얼마만큼 이해하고 인정하는가에 달려있다고 생각한다. 정성껏 들어주면 돌부처도 돌아본다고 하지 않는가. 아이들의 말을 많이 들어주는 것, 아이들이 대화의 주체가 되는 것이 우선이다.

Part.08
자녀와의 갈등을 해결하는 10분 대화법

우리 가족만의
가족회의를 개최하자

"자, 회의합시다. 회의실로 모이세요!"

회사 생활을 하면서 싫은 것 중의 하나가 회의가 아닌가 싶다. 꼭 필요한 것이고 중요한 의견수렴 과정이라는 것도 인정한다. 그런데 회의를 진행하는 방법이나 형식이 지루하고 경직되어 있고 지시형일 경우를 많이 접하다 보니 '회의'라고 하면 "어휴~" 하는 한숨 소리가 여기저기에서 먼저 들린다.

또 회의는 여럿이 의견을 나누고 협의하는 과정을 거친 후 도출된 어떤 내용이 있어야 하는데, 회의를 마칠 때는 결론보다 "다음에 다시 회의합시다"라는 말이 나온다는 우스갯소리가 있을 정도다. 만일 이런 모습이 가정에서도 반복된다면 회의를 하면 할수록 가족 간의 관계가 더 나빠질 것 같다는 생각이 든다.

가족끼리의 대화가 질적으로 우수하고, 의논할 사안이 생기면 그때그때 부모와 아이가 굳이 회의라는 형식을 거치지 않더라도 빨리 합의점을 찾는다면 가장 이상적이라고 생각한다. 다만 여행이나 특별한 외출 등 짧은 시간 안에 의견을 모을 수밖에 없는 일이면 거실이건 방이건 함께 모여서 편안하게 의견을 나눌 수 있는 가족회의가 필요할 것이다.

그런 것 외에 특정한 날에 특정한 시간을 정해 놓고 가족회의를 한다는 것은 가족의 대화 시간이 부족하다는 증거가 아닐까 싶다. 아빠는 회사로, 엄마도 회사 또는 집안일로, 아이들은 학교와 학원으로 각자 바쁜 스케줄을 소화하다 보니 만날 시간조차 없기에 가족회의를 계기로 한자리에 모여 이런저런 얘기도 하면서 소통을 할 수 있는 시간을 만들자는 것이다.

아이들이 중학생 이상 되면 주제를 정해서 의논할 수 있을 것이다. 그러나 아이들이 어리다면 좀 더 편안하고 쉽게 얘기할 수 있는 주제를 골라 아이들의 생각을 들어보는 것이 더 바람직하다고 생각한다.

==어떤 IT 기업의 회의시간을 TV에서 본 적이 있다. 다양한 모양의 소파에 앉아 있는 사람, 벽에 기대어 있는 사람, 바닥에 다리 뻗고 앉은 사람 등 편안한 자세와 웃음이 있는 가운데 회의가 진행되는 모습을 봤다.== 아직 어린아이들과 하는 가족회의는 이처럼 자연스러운 분위기가 어울린다.

우리 집은 아직 가족회의를 해본 적이 없다. 앞서서 얘기했듯이 아이들과 어떤 사안이 생길 때마다 장소를 가리지 않고 아이들의 얘기를 먼저 들으며 대화를 시작하기 때문이다.

간혹 여행을 갈 경우에는 회의보다는 나와 아내가 준비한 자료를 보여주며 우리가 여행 갈 곳에 대해서 먼저 알려주기 위해 브리핑을 하며 아이들의 질문에 대답하는 정도였다. 그런데 아이들이 점점 커가면서 서로의 바쁜 일 탓에 자주 만나지 못할 경우를 대비해서 가족회의를 준비했다. 그리고 간단한 몇 가지 규칙을 정해보았다. 각 가정에서 아이들과 함께 지킬 수 있는 정도의 규칙을 정해서 가족회의를 가져보는 것도 좋겠다.

첫째, 가족이 다 모인 자리에서는 서로 잘못한 행동을 지적하거나 부정적인 발언을 절대 하지 말고, 옆 사람을 번갈아가며 칭찬을 해주는 것으로 시작한다.

둘째, 주제를 제시하는 것과 정하는 것은 모두가 합의를 통해 이루어져야 하며 부모의 일방적인 주제 제시는 피해야 한다.

셋째, 회의 시각은 미리 정해서 알려주고, 회의 시간도 30분을 넘기지 않는 것이 좋다. 미니스커트와 회의는 짧으면 짧을수록 좋고, 사람의 수명은 길면 길수록 좋다고 하지 않던가!

넷째, 한두 사람이 발언을 독점하지 않도록 발언 기회를 골고루 분배해야 한다. 특히 부모는 말을 많이 하다 보면 아이들에게 지시하고 가르치려 들기 때문에 각별히 주의해야 한다.

끝으로 회의 내용을 간략히 정리해서 보관하는 것과 뒤풀이로 가족이 함께 식사하는 것도 좋다.

Part.08
자녀와의 갈등을 해결하는 10분 대화법

대화를 거부하는
아이 마음 열기

지난 학창시절을 떠올려본다. 쉬는 시간이면 아이들은 교실과 복도에서 떠들고 장난치고 도시락 먹고 그야말로 아수라장이 된다. 그러다가 쉬는 시간이 끝날 무렵이면 반에서 한 명은 경계근무를 서고, "선생님 오신다!"라는 한마디는 교실의 분위기를 순식간에 바꿔놓는 신호가 된다.

집에서 아빠는 어떤 존재인가? 혹시 "아빠 오셨다"라는 한마디에 집안의 분위기가 바뀌지는 않는가? 엄마나 형, 누나, 동생과 잘 떠들고 놀던 아이가 아빠만 근처에 오면 갑자기 TV를 보거나 휴대전화기를 만지작거리거나 책을 보는 등 다른 것에 집중하지는 않는가?

대화는 편한 사람과 해야 마음의 문이 열리는 것이다. 내 생각을 말하고 잘 들어주는 사람에게 말문을 닫을 이유는 없다. 그렇다면 아빠의 대화 스타일을 잘 생각해보자. 우리나라 아버지들은 오래전부터 가부장적이며 근엄하고 무뚝뚝하셨다. '나는 아버지처럼 되지 말아야지!'라고 마음먹지만, 어느 순간 아버지와 닮아 있는 자신의 모습을 발견하곤 한다.

'무뚝뚝한 아버지' 하면 생각나는 유머가 있다. 무뚝뚝한 경상도 아버지들이 직장에서 돌아오면 딱 세 마디만 한다는 것이다.

"밥 도(줘)", "아는(애는)?", "자자."

여기에 한마디 더 한다면 아마 "일찍 깨워" 정도가 추가되지 않을까! 이 유머가 세대를 넘어서도 회자되는 이유는 공감되기 때문이다. 아이들과 대화를 해야겠는데 무슨 말을 어떻게 해야 좋을지 모르는 아빠들이 많은 것 같다.

"학교는 잘 다녀왔니?", "별일 없었어?", "숙제는 다 했니?", "친구들하고 싸우지 말고 사이좋게 잘 지내야 해" 아빠가 이렇게 물어보면 아이들은 뭐라 답할 수 있을까? "네", "알았어요" 이런 단답형의 대답 말고는 할 수 있는 대답도 없고, 만약 좀 더 길게 대답한다면 "네, 알았어요. 제가 알아서 할게요."라고 할 것이다.

아빠는 관리자나 감독관이 아니다. 지금 잘하고 있는지 아닌지를 판단하고 점검하기 위해 감독관이 건네는 말은 대화가 아니다. 그것은 확인하기 위한 질문과 대답만이 존재하는 퀴즈에 불과하다. 이런 식으로 아빠가 대화를 시작한다면 아이는 마음의 문을 열지 않을 게 뻔하다. ==아이의 고민은 들어주지 않으면서 숙제를 했는지, 학원을 다녀왔는지 확인하는 질문만 던진다면? 아이는 차라리 아빠와 대화하지 않는 것이 낫겠다고 생각하며 자기 방으로 쏙 들어갈 것이다.==

대화를 하지 않으려는 아이에게 대화를 해보려고 시도하는 아빠들에게 우선 박수를 보내고 싶다. 그런데 먼저 아이가 대화를 하지 않으려는 이유를 파악해야 한다. 아이에게 고민이 있는지, 다른 어려움이 있는지 아이의 행동과 말투를 주의 깊게 관찰할 필요가 있다. 많은 아이가 친구와 놀 시간이 부족해서, 공부와 성적 때문에 고민한다는 조사 내용을 참고해도 좋겠다.

만약 아이의 말과 행동을 통해서 아이 마음을 알아내기 어렵다면 아이가 가장 좋아하는 것을 함께하면서 자연스러운 분위기를 먼저 만드는 것이 좋다. 이때 주의할 점은 분위기가 좋아졌다고 성급하게 "너 요즘 왜 그러니?"라고 물어보면 아빠의 의도가 노출될 수 있으니 서둘지 않도록 한다.

아이가 좋아하는 것을 같이하는 것 외에도 내가 가끔 활용하는 방법이 '잠자리 대화'와 '산책 대화'다. 아이와 같이 잠자리에 들면서 영화의 대사처럼 "오랜만에 함께 누워보는군" 하면 아이는 "그게 무슨 말이에요?" 하며 호기심을 보인다. 그렇게 편안한 분위기를 만들면서 "아빠가 궁금한 게 하나 있는데, 네가 요즘 좀 시무룩해 보일 때가 있어서 말이야"라고 하면서 시작하는 것이 좋다. '아빠는 너무 궁금해 미칠 것 같지만 니가 싫으면 말하지 않아도 돼'라는 듯이 무심하게 말을 건네는 것이 더 효과적이다.

대화의 시작은 조심스럽지만 편안한 분위기를 연출해야 아이도 편안함을 느낄 것이다. 그리고 아빠가 급하게 서두르면 아이가 불안감을 느낄 수 있다. 천천히 아이가 마음의 문을 여는 순간을 기다려주면 어느 틈엔가 그 열린 문으로 많은 것을 주고받을 수 있을 것이다.

Part.08
자녀와의 갈등을 해결하는 10분 대화법

아빠의 정신연령은
열두 살?

　친구 같은 아빠들이 늘고 있는 반면에 친구처럼 사소한 일로 다투는 아빠들도 의외로 많다. 무엇 때문에 아이와 다투는 것일까? 가장 많은 비중을 차지하는 것은 아마도 TV 채널 때문이 아닐까 싶다. TV 채널을 마음대로 조정할 수 있는 리모컨! 자고로 집안 권력의 산물이라 할 수 있는 것이 리모컨이다. 대화가 없는 조용한 가족의 적막을 깨는 것은 TV 소리와 간간이 들려오는 가족들의 감탄사 정도가 아닐까.

　이 권력의 산물은 한 사람에게 독점돼 있지 않고 시간에 따라 이동한다. 집안에 아무도 존재하지 않아 독점하는 시간에는 당연히 다툼이 발생하지 않는다. 또한 권력 이동이 자연스럽게 진행될 때도 다툼이 발생하지 않는다. 즉 내가 리모컨을 내려놓고 다른 일을 하러 간 후 아이가 리모컨을 잡는다면 문제가 없다.

　다툼이 발생하는 순간은 쌍방이 놓쳐서는 안 되는 볼거리가 생겼을 때, 미묘한 신경전과 함께 시작된다. 우리 집에 TV가 있던 시절에 대표적인 신경전 발생 시각은 '1박2일 VS 런닝맨', '드라마 VS 스포츠' 또는 성향이 충돌되는 드라마가 생겨났을 때 가령 '착한 남자 VS 아랑사또전' 정도가 있었다. 신경전은 나와 아이들, 나와 아내, 아내와 아이들이 이합집산하며 영원한 아군도 영원한 적군도 존재하지 않는 그야말로 치열한 난타전 다름 아니었다. 서로가 보고 싶은 것을 보겠다고 다투다가 힘이 밀리는 사람이 스마트폰을 빨리 꺼내 드는 정도가 대안이랄까? 다툼이 멈추지 않는다 싶으면 아빠의 공권력이 투입되고, 권력의 산물은 아빠의 손으로 넘어가게 된다.

"너는 학생이고, 나는 선생이야"라는 어느 드라마의 명대사처럼 "너는 자식이고, 나는 아빠야! 아빠가 맨날 이러는 거 아니잖아. 가끔 보고 싶은 거 이거 하나 보겠다는데, 어허!"라며 리모컨을 손에 쥔 아빠는 흐뭇한 미소를 짓지만 아이들의 표정은 심하게 일그러진 채 계속 구시렁거린다. 사실 TV를 없애려 했던 이유 중의 하나이기도 하다.

이런 상황이 생겨나는 순간 아빠들은 단순히 TV를 보는 것으로 끝나지만 아이들은 아빠에 대한 믿음과 신뢰가 깨지는 순간이기도 하다. TV를 없애지 못할 거라면 이런 상황에서는 서로의 양보와 협상이 필요하다.

무조건 아빠의 권력을 이용하는 것은 좋지 않다. 다른 시각에서 이 상황을 보면 아빠와 아이들 간에 벌어진 일이 아니다. 이것은 개인과 개인, 인격과 인격이 충돌하는 순간이다. 각자 원하는 프로그램을 보고 싶은 시청자라는 뜻이다. 여기에는 나이가 많고 적고 하는 문제가 중요하지 않다.

이번 주에 아이가 양보하면 다음 주에는 리모컨을 넘겨주거나, 스마트폰을 이용하는 사람을 번갈아 정한다거나 아니면 다툼이 발생하지 않도록 아빠가 늦게 오거나 하는 방법으로 서로 이해관계를 정리해야 한다.

시간과 프로그램 그리고 날짜 등을 고려해서 공평하게 선택권을 가질 수 있도록 미리 계획하는 것이 좋다. TV 외에도 PC나 게임기 등으로 인한 다툼도 같은 방법으로 신뢰가 손상되지 않도록 하는 것이 좋다.

Part.08
자녀와의 갈등을 해결하는 10분 대화법

아이의 눈높이에 맞춰
대화하라

사이버 공간에 떠도는 초등학생들의 황당한 시험 답안지를 보면 정말 기막힌 답이 넘쳐난다. 그중에 두 개만 소개하자면 아래와 같다.

1. 할머니 생신입니다. 할머니께 드릴 카드를 예쁘게 그려봅시다.
   ⇒ 삼성카드
2. 비가 많이 와서 큰 피해를 본 수재민에게 어떤 말로 위로하면 좋을지 쓰시오.
   ⇒ 재민아, 힘들겠지만 희망을 가져.

이것 외에도 정말 황당한 대답들은 너무도 많다. 위에 두 개의 대답도 황당하고, '헐~' 소리가 저절로 나는 답들이 많다. 그런데 이 답을 쓴 아이들은 다른 사람들을 웃기려고 유머러스한 답을 쓴 것일까? 특히 2번 문제의 답을 보면 유머라고 보기엔 왠지 씁쓸한 기분이 든다. '수재민'이란 단어를 깜빡 잊은 듯하다. 그리고 주변에 '재민'이라는 아이가 꼭 있을 것만 같다.

어른들의 시각으로 보면 황당한 답변이지만 아이들은 시험 문제를 풀기 위해 많은 생각을 하며 썼을지도 모를 대답들이다.

부모가 아이를 다그치는 이유 중의 하나가 아이의 현재의 상태를 정확히 판단하지 못해서 비롯되는 경우가 많다.

"2학년이면 이 정도는 해야지."

"유치원에서 안 배웠어?"

부모가 가르쳐줄 생각은 하지 않고 학교나 학원에서 배웠을 것으로 생각하고, 왜 그것도 못하는지를 이해하지 못해 아이를 다그치는 경우가 종종 있다. '동물 중에 인간만이 자기 새끼를 남의 손에 키운다'는 말이 있다. 그러니 자기 자식의 상태도 모른 채 그저 잘하는 아이들의 수준을 어디선가 듣고 비교하면서 아이가 잘 못한다고 다그친다.

내 아이의 수준과 상태를 알아야 그에 맞춘 대화를 할 것이고, 그 대화가 목소리가 커지지 않는 양질의 대화가 될 수 있다. 대학 때나 회사생활을 하며 강연을 듣게 될 경우가 있다. 그런데 어려운 전문용어를 쓰며 이론적으로 접근하는 강사는 큰 호응을 얻기 힘들다. 같은 이론이라도 '알기 쉽게', '듣기 쉽게', '이해하기 쉽게' 말하는 강사가 훨씬 호응도가 높다.

평소 아이들과 많은 대화를 하는 부모라면 아이들의 어휘 수준을 알고 있다. 그래서 질문을 아이들의 수준에 맞게 이해하기 쉽게 설명을 할 수 있다.

흔히 눈높이를 맞추라고 한다. 아이와 대화를 할 때 가장 먼저 해야 할 것이 바로 눈높이를 맞추는 일이다. 같이 책상에 앉거나 무릎을 굽혀 아이와 눈을 마주하고 아이의 시선에서 사물을 보면서 대화를 시작하는 것이 첫 번째 할 일이다.

무엇보다 아이가 이해하기 쉽게 설명해야 한다. 며칠 전 윤환이가 "아빠, 자동차가 많아요? 사람이 많아요?"라고 물어와서 "사람이 많지"라고 했더니 "왜 사람이 많아요? 자동차가 많아서 길이 막히는데……"라고 말했다. 그래서 "우리 가족은 네 명이야. 근데 자동차는 하나지. 형이랑 너는 어려서 운전을 할 수도 없으니까 자동차보다 사람이 많은 거야"라고 대답해주었다. 그랬더니 "그럼 사람이 많아요? 신호등이 많아요?"라고 물었다. 이 녀석의 황당한 질문에 컴퓨터로 찾아보고 말해주기로 하고 일단 위기를 모면한 일이 있었다.

5학년 규환이의 요즘 관심사는 총, 건담, 머리 스타일, 영화 등 한두 가지에 머무르지 않고 다양하다. 그래서 궁금한 것도 많고 궁금하다 싶으면 무엇이든 물어온다. 그때마다 나는 짧은 지식 탓에 위기의 순간을 많이 만난다.

갑자기 날씨가 추워진 어느 날, 바닥이 차가워서 보일러를 틀었을 때였다. 규환이가 파이프를 따라 따뜻한 곳과 그렇지 않은 곳을 느끼며 바로 나에게 질문을 했다.

"아빠, 여기는 따뜻하고 여기는 차갑고, 왜 그래요? 이상해요."
나는 우리나라 전통 온돌의 원리를 한참 설명했다. 다행히도 컴퓨터를 켜놓고 있어서 모르는 것을 찾아가며 설명할 수 있어서 정말 다행이었다.
부모들이 아이들의 눈높이에 맞춰서 설명하기란 쉬운 일이 아니다. 평소 입에 밴 단어는 익숙하지만 그렇지 않고 아이들이 알아들을 수 있는 설명을 해줘야 할 때는 아이가 이해하기 쉬운 단어를 고르느라 머릿속이 약간 복잡해진다. 요즘 대세는 '소통'이다. 소통을 한다는 것은 서로가 통한다는 것이다. 지금껏 대화가 적었고, 문답형식으로만 대화했던 부모들은 아이와 눈높이를 맞추기 어렵고 귀찮을 수 있다.

나 역시 아이들과 눈높이를 맞추기 위해 많은 시간을 보냈고, 아이도 그 시간을 이제 시작하였다. 조금만 더 여유를 갖자. 학창시절 미팅에서 만난 파트너가 야구를 잘 몰라도 차근차근 야구 룰을 가르쳐주었던 그때, 속이 타들어가면서도 참고 설명하며 좋은 인상을 남기려 노력했던 그 시절을 기억해보자.

Part.08
자녀와의 갈등을 해결하는 10분 대화법

아이가 선택할
기회 주기

"그래, 결심했어!"

개그맨 이휘재를 스타로 만든 TV 프로그램 '인생극장'에서 중요한 선택의 순간에 어김없이 나온 유명한 대사다. 두 가지의 상황에서 어떤 것을 선택하느냐에 따라 그 사람의 인생이 전혀 다른 모습으로 바뀌게 된다. 선택이란 고민하게 하는 것이고, 버려진 선택을 항상 아쉬워하게 된다. 그래서 두 가지 선택 상황을 살아보게 했던 당시의 프로그램은 대단한 인기를 얻었던 것 같다.

새 학기가 시작되면 초등학교에는 방과후 교실에 대한 다양한 소개서와 함께 어떤 것을 선택할 것인지를 묻는다. 부모들의 마음은 아이가 공부와 관련 있는 것을 골랐으면 싶다. 그래서 나중에 활용가치가 높은 컴퓨터나 악기를 배웠으면 하는 마음에 아이에게 강요할 가능성이 높다. 우리 집도 다르지 않다.

나는 첫째 규환이가 선택의 순간에 스스로 판단할 수 있도록 의견을 많이 물어보는 편이다. 왜냐하면 규환이가 지금보다 더 어렸을 때, 아빠, 엄마가 주도해서 선택한 것들을 실패한 경험이 있기 때문이다.

처음 실패한 것은 피아노였다. 내가 어릴 때 피아노를 배우지 못했던 아쉬움이 떠올라서다. 그래서 배우기 싫다고 하는 아이를 어르고 달래가며 계속 보냈다. 그러나 피아노 학원의 분위기에 적응하지 못한 규환이는 실력이 늘지 않고 짜증만 늘었다. 그래서 그만두었다.

두 번째는 미술이었다. 학교에 들어가기 전에 배우는 미술은 표현력과 감성을 키워준다는 등 배우면 좋다는 얘기를 들어서 미술학원에 보냈다. 그런데 이것도 실력이 느는 것이 아니라 불평만 늘어가서 또 그만두게 하였다.

그리고 하고 싶은 것을 규환이에게 선택하도록 했다. 태권도를 하고 싶다고 해서 보냈다. 규환이는 태권도 학원에 빠지면 큰일 나는 줄 알 정도로 열심히 다녔다. 4년간 다니던 어느 날 농구를 해보고 싶다고 했다. 이유를 물으니 "이젠 태권도 말고 농구를 해서 키가 커져야겠어요"라며 지금까지 1년이 넘도록 농구를 배우고 있다.

지금도 선택의 기준은 아이가 원하는 것이다. 그러나 무조건 원하는 것을 다 들어줄 수는 없는 것도 있다. 그래서 그것에 대한 정보를 알려주면서 다음에 하도록 미루거나, 하지 않도록 설득하는 방향으로 유도한다. 부모는 가능하면 섣불리 선택을 강요하면서 아이와 갈등을 일으키지 않는 것이 좋다.

아이들은 원하는 것을 선택했을 때 적극적이고 열심히 배우고자 하는 욕구가 높다. 아이를 키우다 보면 매일매일 아이의 상황을 고려해야 하는

'선택'의 순간이 온다.

만약 A와 B 중에서 하나를 선택하라고 하면 아이는 A와 B 중에서 무엇을 고를지 고민하게 된다. 부모가 "A가 좋다. A를 해라"라고 단정 짓게 되면 아이는 B에 대한 아쉬움이 남게 된다. 그래서 B를 선택했을 때 아이에게 닥칠 불합리한 상황을 간략하게만 설명해야 한다. 만약 부모가 자세하고 장황하게 설명하면 아이들은 금세 눈치를 채고 말 것이다.

무엇을 선택해도 배우고 얻을 것이 있으니 간단하게 아이의 눈높이에서 상황을 정리하는 것이다. "A를 선택해. 이게 얼마나 좋은지 알아? 이게 인기가 많은걸!" 등 한쪽으로 치우친 반응은 오히려 반발심을 살 가능성이 있다. 특히 눈치가 빠른 아이들은 그동안 겪었던 아빠와 엄마의 성향을 바탕으로 반대되는 의견을 내세울 가능성도 있다.

"선택은 네가 하는 거야. 아빠는 너의 선택을 존중한단다"라고 전제를 한 후 B를 선택했을 때 아이가 좋아하는 것 중에 버려야 할 것을 생각하도록 유도한다.

두 가지 이상을 선택할 때에는 버릴 것을 먼저 버리면서 선택의 폭을 좁히는 방법을 활용하는 것도 좋다. 물론 가장 좋은 것은 부모와 아이의 의견이 일치해서 선택과 갈등의 순간이 없다는 것이겠지만.

아이들의 나이에 따라 활용하는 방법도 다르다. 어리면 어릴수록 '조삼모사'의 방법도 잘 통했던 것 같다. 어차피 줄 것이라면 아이의 기분을 좋게 하는 것을 선택한다.

조금씩 나이가 들며 느끼는 것은, 인생은 선택의 연속이고 버리는 것을 잘 버려야 좋다는 것이다. 선택이란 것도 연습하기에 따라 좋은 결말을 가져올 수 있으므로 '인생극장'의 선택을 아이가 경험할 수 있도록 해야 할 것이다.

Part.08
자녀와의 갈등을 해결하는 10분 대화법

떼쓰는 아이와
화내지 않고 대화하는 법

　아이를 키울 때 가장 난감한 순간이라면, 공개된 장소 즉 예식장, 공연장, 마트 등 많은 사람이 있는 장소에서 투정을 부리거나 주변은 아랑곳하지 않고 떼쓰는 상황일 것 같다. 집안에서 그런 일이 벌어졌다면 두어 번 얘기하다가 바로 물리적인 진압을 할 텐데, 공개된 장소에서는 당황하기 쉽다. 사람들이 많은, 그것도 분위기 있게 의상도 갖춰 입은 날에 불특정 다수가 보는 공개적인 장소에서 '부모의 품격'을 지켜가며 아이들의 투정을 받아준다는 것은 성인(聖人)이 되어야 가능하리라 생각한다.
　아이들이 집안에서보다 공개적인 장소에서 더 심하게 떼를 쓰는 이유는 '협상의 원리'를 정확히 알고 있기 때문이다. 집보다 밖에서 투정을 부릴 때 본인들이 원하는 것을 획득할 수 있는 확률이 높다는 것을 본능적으로 아는 것이다.
　첫째 규환이의 경우도 몇 개의 단어로 의사소통이 될 때쯤 자기가 원하는 것을 아빠와 엄마가 해주지 않을 때 할아버지나 할머니에게로 가서 손을 잡아끌면서 원하는 것을 얻기 위한 행동을 했던 것으로 기억된다.

그런데 이런 본능적인 것 외에도 공개적인 장소에서 아이들의 투정이 높은 승률을 보이는 이유는 바로 '목적의식'에 있다고 본다. 아이들은 본인이 원하는 '그것!' 외에는 다른 대안을 생각하지 않는다. 오로지 하나의 목적 외에는 없다.

반면 부모는 아이가 요구한다고 해서 요구사항을 무조건 들어줄 수 없는 입장이다. 더구나 많은 눈이 쳐다보는 곳에서 품격을 유지해야 하며 떼쓰는 아이를 달래야 하니, 식은땀이 저절로 흐른다. '집에만 있었어도……'라는 생각 등으로 머릿속은 복잡하기만 하다. 결국 부모의 생각은 '품격을 버려 VS 그냥 들어줘'라는 두 가지로 압축될 가능성이 높다.

나 역시도 이런 난감한 상황을 많이 겪었고, 앞으로도 겪게 될 것이다. '투정'을 국어사전에서 찾아보면 '무엇이 모자라거나 못마땅하여 떼를 쓰며 조르는 일'이라고 설명하고 있다. 아이들이 투정을 부리는 것은 집안보다 불편하기 때문이다. 또한 자신이 갖지 못한 것이나 갖고 싶은 것을 봤기 때문에 갖고 싶다는 목적의식이 생겨서 떼쓰는 것이다.

이런 긴박한 상황에서도 품격을 유지하면서 들어주지 않는 방법도 있다. 그 방법은 다음과 같다.

첫째, 뚜렷한 기준이 있어야 한다. 같은 요구를 어떤 때는 들어주고 어떤 때는 들어주지 않으면 기준이 없어지기 때문에 아이들도 혼란할 수 있다.

둘째, 아이들의 눈높이를 맞추는 것이다. 사진을 찍을 때 아래에서 위로 사물을 찍으면 크고 위협적으로 보인다. 반면에 위에서 아래로 찍으면 작고 힘없어 보인다. 아이와 시선을 마주하고 천천히 '왜?' 그런 것인지를 물어봐야 한다. 이때도 "너, 왜 그래?"라고 추궁하듯이 물어보면 안 된다. "○○야! 너 필요한 거 있어?"처럼 왜 그런 행동을 하는 것인지 이유를 말할 수 있게 물어봐야 한다.

사람도 많고 급한데 어떻게 그렇게 하느냐고 반문할 수 있다. 그러나 아이들의 투정이 한 번에 끝나는 경우는 거의 없다. 여러 차례 반복되면서 부모들의 심기를 건드려서 인내심을 실험하게 되는 것이다. 눈높이를 맞추고 "○○야! 너 필요한 거 있어?"처럼 물어보면서 아이에게 접근한다면 아이도 떼쓰기보다 자신의 마음을 설명할 수 있는 여유가 생길 것이다. 그래서 평소 기준에 따라 들어줄 수도 있고 아닐 수도 있다.

또 기준으로 판단할 수 없는 경우에는 "지금은 바쁘니까 조금 후에 얘기하자"고 제안을 하는 것도 좋은 방법이다.

내 경우에는 아이가 떼를 쓸 때 같은 말을 반복하는 것이 상당한 효과가 있었다. 본래 사회생활에서 벌어지는 설득과 거부의 상황에서도 다양한 핑계보다 하나의 이유를 반복적으로 말하는 것이 더 이상 우기거나 상황이 악화하는 것을 막는 방법이기도 하다. 아이와 대화를 통해 해결점을 찾는 것이 부모와 아이와의 관계에 좋은 방법이 된다.

부록

아이와 친구 되는
하루 10분 대화

2주 14일 Action Plan
- 대화를 준비하는 1일 차~4일 차
- 친밀감을 쌓는 5일 차~8일 차
- 대화 습관 들이는 9일 차~13일 차
- 나를 되돌아보는 14일 차

대화를 준비하는
1일 차 ~ 4일 차

1일 차

Action Item

되고 싶은 아빠의 모습(to be)을 선명하게 그려라.

> 💬 **오늘의 대화를 여는 말**
>
> "TV에서 '아빠 어디가?' 봤어? 재밌지! ○○는 누구 아빠가 마음에 들어?"
> "○○야! 아빠랑 어떤 것을 할 때가 제일 좋았어?"
> "○○야! 어떤 아빠가 친구들 사이에 인기가 있니?"
> 이때 TV, 동화책 등에 등장하는 아빠의 예를 들어주면 쉽게 접근할 수 있다.

▶내가 되고 싶은 좋은 아빠의 모습

▶자녀가 원하는 좋은 아빠의 모습

▶두 가지를 고려해 내가 되어야 할 좋은 아빠의 모습

대화를 준비하는
1일 차 ~ 4일 차

2일 차

Action Item
집에서 아빠의 역할 찾기

> 💬 **오늘의 대화를 여는 말**
>
> "아빠랑 마트에서 요리할 재료 사러 갈까? 아빠가 요리해줄게. 어때?"
>
> "아빠하고 산책하러 가는 거 어때?"
>
> "아빠랑 레고 조립할까?"
>
> - 아빠가 할 수 있는 것을 하나씩 해보며 아이의 반응을 살피는 것이 중요하다. 그중에 아이가 또 하자고 요청하는 것이 있을 것이다.

▶ 아이가 원하는 아빠 역할

▶ 아빠가 하기 싫은 역할

▶ 아빠가 싫지만 아이가 원하고 아빠가 노력해야 할 역할

대화를 준비하는
1일 차 ~ 4일 차

3일 차

Action Item
아이와 아빠의 공통점, 다른 점 찾기

> 💬 **오늘의 대화를 여는 말**
>
> "짜장면과 짬뽕 중 좋아하는 것을 동시에 말하기 할까?"
>
> "하늘을 좀 봐. 너무 맑지 않니? 아빠는 파란색이 좋은데, ○○는 무슨 색을 좋아해?"
>
> - 음식, 색깔, 스포츠, 만화, 음악 등 아이가 흥미있어하는 것을 다양하게 물어본 후 공통점을 부각한다. "아빠와 좋아하는 게 같구나!" 하며 동질감을 심어준다.
> - 서로 다른 점을 발견하면 "아빠가 부족한 것을 갖고 있네, 좋은데……"라며 다른 점을 인정해서 아이의 개성을 살려준다.

▶ 공통점 리스트

▶ 다른 점 리스트

▶ 아이가 싫어하는 것 중 아빠의 도움으로 흥미를 느낄 수 있는 것은?

대화를 준비하는
1일 차 ~ 4일 차

Action Item
대화 시간 만들기

> 💬 **오늘의 대화를 여는 말**
> - 직장 생활 되짚어보기
> - 아이와 꼭 함께해야 할 활동 파악 (아내와 상의)
> - 퇴근 후 불필요한 시간은?
> - 집에서 나의 생활 패턴은?
> - 아이와 함께했던 대화는?
>
> - 나를 돌아보고 아내와 상의하면서 아이와 함께 할 수 있는 시간을 만드는 단계
> - 아이가 아빠와 함께하고 싶은 일, 시간대 파악하기

▶아빠의 생활에서 없애야 할 것

▶유지하고 싶은 아빠만의 시간

▶아이와 함께할 주간 시간표 작성

친밀감을 쌓는 5일 차~8일 차

Action Item
스킨십이 먼저다 (몸으로 대화하기)

> 💬 **오늘의 대화를 여는 말**
>
> "○○야, 누워봐. 아빠랑 윗몸일으키기 내기해볼까?"
>
> "수요일 저녁에 인라인 타는 거 어때? 얼마나 실력이 늘었나 볼까?"
>
> "주말에 같이 프로축구 함께 보는 거 어때?"
>
> - 아이와의 승부에 집착하는 '찌질한' 아빠는 바람직하지 않다.
> - 스킨십은 짧지만 자주 하는 것이 훨씬 효과적이다.
> - 다양한 것을 시도해보면 아이가 원하는 것을 발견할 수 있다.

▶함께 활동한 횟수

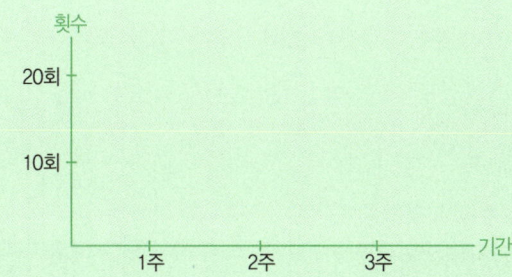

▶횟수 증감에 따른 아이의 반응

▶넓히고 싶은 활동 영역

친밀감을 쌓는
5일 차~8일 차

6일 차

Action Item
아이의 관심사 파악하기

> 💬 **오늘의 대화를 여는 말**
>
> "○○야, 요즘 진우는 잘 지내니?"
>
> "요즘도 비스트 음악 좋아하니?"
>
> "이번 주말에 같이 볼 수 있는 영화 찾아볼까?"
>
> - 아이 친구의 안부를 묻는 등 친구 이름 기억하기
> - 영화나 음악을 통해 공감대 형성하기
> - 다양한 것을 시도해보면 아이가 원하는 것을 발견할 수 있다.

▶아이의 관심 분야

_____
_____
_____
_____

▶공감 지수! 아빠 점수 체크하기

점수
10점
가수 친구 이름 유행어 관심 분야

▶아이의 관심 분야에 대한 지식 넓히기

_____
_____
_____
_____
_____

친밀감을 쌓는 5일 차~8일 차

Action Item
1주일에 3번 이상 밥 같이 먹기

> 💬 **오늘의 대화를 여는 말**
>
> "오늘 학교에서 점심 때 좋아하는 반찬 있었어?"
>
> "요즘 머리 스타일이 좀 달라진 것 같은데?"
>
> "아들! 요즘 날씨가 따뜻해져서 친구들과 밖에서 많이 놀겠네. 어떤 거 하고 놀아?"
>
> - 대화 주제는 자유롭게 하되, 성적과 공부에 관련된 주제는 지양한다.
> - 퇴근길에 대화 주제를 몇 가지 정리해두면 좋다.
> - 도착 시각을 미리 알려주고, 식사 시간은 여유롭게 한다.
>
> (참고) 서울대 학부모정책연구센터 '밥상머리교육 메뉴얼' (74페이지)

▶ 대화 주제 2~3가지 정도 사전 준비하기

▶ 자녀, 가족과 식사한 횟수

횟수
│
│
│
└─────────────────── 기간
  1주   2주   3주   4주

▶ 식사 준비와 정리 역할 분담

친밀감을 쌓는 5일 차~8일 차

Action Item
전화, 문자 메시지, 이메일, 쪽지 이용하기

💬 오늘의 대화를 여는 말

"어제 동생과 사이좋게 지내는 모습이 너무 보기 좋았어. 저녁에 맛있는 것 먹을까?"

"아빠가 화를 내서 무서웠지? 미안해! 아빠도 조심할게."

"○○야! 갑자기 보고싶네. 오늘 늦지 않도록 해볼게."

- 1~2분의 짧은 시간을 효율적으로 이용할 수 있다.
- 아빠와 아이, 둘만의 비밀을 만들기 좋다.
- 시간과 내용에 따라 방법을 선택한다.

▶활용 가능한 틈새 시간은?

▶전화, 문자 메시지, 이메일, 쪽지 등의 횟수는?

횟수 | | | | | 기간
1주 2주 3주 4주

▶대화할 내용에 따라 적당한 방법은?

대화 습관 들이는
9일 차~13일 차

9
일 차

Action Item
대화의 주인공은 '아이'

> 💬 **오늘의 대화를 여는 말**
>
> "네 생각이 아빠랑 다른 이유는 뭘까?"
>
> "그래! 그렇게 생각할 수도 있겠네. 또 뭐가 있을까?"
>
> - 대화를 이어갈 수 있도록 아빠가 주로 질문을 한다.
> - 아이가 더듬거려도 말할 수 있도록 기다려줘야 한다.
> - 아빠의 기준으로 보아서는 안 된다.

▶동기부여 질문법 활용하기(180페이지 참조)

▶아이에게 결론부터 말했는지, 과정을 중요시했는지 스스로 점검하기

▶아이의 생각이 깊어지도록 돕는 나만의 방법은?

대화 습관 들이는
9일 차~13일 차

Action Item
적극적인 경청 능력 키우기

> 💬 **오늘의 대화를 여는 말**
>
> "음~ ○○○○○라고 한 거구나!"
>
> "정말?"
>
> "진짜, 그랬어?"
>
> "그렇구나"
>
> "우와~ 대단한걸."
>
> - 잘 듣는 것과 리액션은 모두 필수 항목이다.
> - 말보다 아이의 감정을 먼저 읽어야 한다.
> - 미리 짐작하는 것은 금물!

▶아이가 편안하게 말할 수 있는 분위기는 어떤 것이었는가?

▶진정으로 아이의 마음을 인정했는가?

▶아이와의 대화 가운데 맥을 짚기 위한 방법은?

대화 습관 들이는
9일 차~13일 차

11일차

Action Item
아이에게 SOS 요청하기

> 💬 **오늘의 대화를 여는 말**
>
> "○○야, 자전거에 바람 넣는 것 좀 도와줄 수 있니?"
>
> "아빠는 로봇 조립을 잘 못하는데, 네가 도와주면 좋겠어."
>
> "식사 준비를 같이 하면 어떨까?"
>
> "수저와 젓가락은 누가 놓을까?"
>
> - '도와달라', '같이 하자'는 것은 아이의 능력을 인정하는 말이다.
> - 아빠가 할 수 있는 일도 도움을 요청해보자.
> - 구체적인 행동을 도와달라고 말하는 것이 좋다.
> - 108페이지 참조

▶ 아이가 자신 있어 하는 것은?

▶ 아이에게 도움을 받고 난 후 어떤 칭찬을 했는가?

▶ 아이가 자신 없어 하는 일 가운데 아빠가 도와주면서 함께 할 일은?

대화 습관 들이는
9일 차~13일 차

12일차

Action Item
긍정적인 말하기

> 💬 **오늘의 대화를 여는 말**
>
> "글씨가 깨끗하고 예쁘게 바뀌었네. 연습을 많이 한 보람이 있구나."
>
> "드리블이 매우 부드러워졌어. 열심히 노력했구나."
>
> "지난번보다 훨씬 잘하는데, 좋았어!"
>
> - 아이가 잘못했을 때도 그 행동만 지적한다.
> - 실수하는 것은 배우기 위한 과정이다.
> - 칭찬도 구체적인 행동과 노력한 것에 초점을 맞춘다.
> - 157페이지 '무조건적인 칭찬은 오히려 해가 된다' 참조

▶ 나는 언제 긍정적인 표현을 하는가?

▶ 내가 부정적인 표현을 할 때 아이의 반응은?

▶ 부정적인 표현을 긍정적인 표현으로 바꿔 적어보기

대화 습관 들이는
9일 차~13일 차

Action Item
주말 계획 세우기

> 💬 **오늘의 대화를 여는 말**
>
> "이번 주말에 여행 갈 곳을 찾아볼까?"
>
> "전주로 여행 가는데, 전주에 유명한 것이 무엇인지 찾아볼까?"
>
> "지난주 TV에 나왔던 ○○○에 가보면 어떨까?"
>
> - 인터넷에서 근처 작은 박물관에 대한 정보를 찾아보자.
> - 드라마, 역사 교과서 등에 나오는 곳을 가보는 것에 아이들은 흥미를 느낀다.
> - 어쩌다 한 번 멀리 가는 것보다 가까운 곳을 자주 가는 것이 훨씬 유익하고 좋다.

▶ 아빠가 가고 싶은 곳 쓰기

▶ 아이가 가고 싶은 곳 쓰기

▶ 먼 곳과 가까운 곳을 분류한, 가고 싶은 곳 리스트 쓰기

나를 되돌아보는 14일 차

Action Item
나는 행복한 아빠인가?

> 💬 **1일 차~13일 차 정리**
>
> 되고 싶은 아빠의 모습에 얼마만큼 가까워졌다고 생각하나?
>
> 4단계 2주간의 과정 되짚어보기
>
> 빈 공간을 잘 채웠는가?
>
> 미흡한 단계 수정 및 보완하기
>
> 억지로 시간을 보낼 때와 즐길 때 자신이 모습과 아이의 모습을 비교해보기

▶대화 시작 전과 Action Plan을 마친 후 달라진 나의 모습은?

▶2주 대화 후 달라진 아이의 모습은?

▶나의 행복 지수는?

점수
10점
시간

소중한 책으로 남기고 싶은 아이디어나 원고가 있으신 분은 도서출판 책읽는달
(이메일 : bestlife114@hanmail.net)로 보내주세요.

좋은 아빠 되는 세상에서 가장 쉬운 방법
아빠 10분 대화

초판 1쇄 인쇄 2013년 7월 10일
초판 1쇄 발행 2013년 7월 17일

지은이 | 김동기
펴낸이 | 문미화
펴낸곳 | 책읽는달

주소 | 서울시 영등포구 양평동5가 39번지
　　　우림라이온스밸리 1차 A동 1408호
대표전화 | 02)2638-7567
팩스 | 02)2638-7571
블로그 | http://blog.naver.com/bestlife114
등록번호 | 제2010-000161호

ⓒ 김동기, 2013
ISBN 979-11-85053-01-1

이 책의 무단전재와 무단복제를 금하며,
책 내용의 전부 또는 일부를 이용하려면 반드시 책읽는달의 동의를 받아야 합니다.

※ 잘못된 책은 본사나 구입하신 곳에서 바꿔드립니다. 책값은 뒤표지에 있습니다.